NOUVEAUTÉS D'ÉTRENNES

LIVRES DE LUXE

OUVRAGES A GRAND RABAIS

MUSIQUE

EN VENTE

A LA LIBRAIRIE MARPON ET FLAMMARION

VAILLANT, Directeur

Galeries de l'Odéon, 1 à 9, 12 à 18

ET

4, rue Rotrou (Angle de la rue de Vaugirard).

NOTA. — Nous fournissons les livres de tous les éditeurs, avec une remise variant de 15 à 25 p. 100, et les partitions avec une remise de 25 à 30 p. 100.

PORT A LA CHARGE DU DESTINATAIRE

NOUVEAUTÉS D'ÉTRENNES

Aicard (JEAN) : *Roi de Camargue.*
1 beau vol. in-8, 78 grav. sur bois et
14 eaux-fortes hors texte (TESTARD).
Splendide édit. d'amateur tirée à petit
nombre, broché, 25 fr., net . . 20 fr.

Alexandre (ARSÈNE) : *Les Aventures de
Pikepikécomégram* (DELAGRAVE). Petit in-4, broché, 5 fr., net. . . . . 4 fr.

Cart., toile, fers, 7 fr. 50, net. . 6 fr.

Atlas de Géographie moderne : par
MM. F. SCHRADER, F. PRUDENT et E. AN-
THOINE. Ouvrage contenant 64 cartes en
couleurs, accompagnées d'un texte géo-
graphique, statistique et ethnographique
et d'un grand nombre de cartes de dé-
tail, figures, diagrammes, etc. (HA-
CHETTE). Beau vol. in-fol. relié, 25 fr.,
net. . . . . 18 fr. 75

Azibert : *Les Sièges célèbres* (DELA-
GRAVE). Gr. in-8 broch., 5 fr., net. 4 fr.

Cartonné toile, tr. dorées, 7 fr. 50
net. . . . . 6 fr. »

Bergerat (ÉMILE) : *La chasse au mouf-
flon.* In-8 jésus (DELAGRAVE), broché,
10 fr., net. . . . . 8 fr. »
Cart., fers spéc., 14 fr., net. 11 fr. 25

Bertall : *Marie Sans-Nom.* Texte et
dessins, par BERTALL. Album pet. in-4
carré, contenant 70 chromotypographies
(HACHETTE), cart. 3 fr., net. . 2 fr. 40

Bibliothèque des petits enfants de
quatre à huit ans :

GIRARDIN, *Un drôle de bonhomme.* 1 vol.

SORVILLE, *La fête de Saint-Maurice.* 1 vol.

WITT (Mme DE), *La petite maison dans la
forêt.* 1 vol.

Chaque vol. in-16, cart. en percal.
bleue, tr. dorées, 3 fr. 50, net. 2 fr. 75

Bibliothèque des merveilles, dernières nouveautés :

GOURMELLES (Dr), *L'hypnotisme.* 1 vol.
ill. de 50 grav.

MOLINIER, *Les Merveilles de l'émaillerie.*
1 vol.

POTTIER, *Les Statuettes de terre cuite
dans l'antiquité.* 1 vol.

VERNEAU : *L'enfance de l'humanité.* 1 vol.

Chaque vol. cart. en perc. bleue, tr.
rouges. 3 fr. 50, net. . . . . 2 fr. 75

Bibliothèque rose illustrée :

CAZIN (Mme), *Les Aventures de Jean le
Savoyard.* 1 vol.

MOUSSAC (Mme), *Popo et Lili ou les deux
jumeaux.* 1 vol.

PITRAY (Mme), *L'Usine et le Château.* 1 vol.

STOLTZ (Mme DE), *Petit Jacques.* 1 vol.
(HACHETTE).

Chaque vol. cart., percal., tranches
dorées. 3 fr. 50, net. . . . . 2 fr. 75

Blandy (Mme S.) : *La part du Cadet.*
Vol. ill. de 96 grav. (HACHETTE). In-8
broché, 4 fr., net. . . . . . 3 fr. 25

Cart. perc., 6 fr., net. . . 4 fr. 75

Boisgobey (Du) : *Un Cadet de Normandie* (DELAGRAVE). Beau vol. in-8
broché, 10 fr., net. . . . . . 8 fr. »

Cart., fers spéc. 14 fr., net. 11 fr. 25

Bonnefont (GASTON) : *Aventures de six
Français aux colonies.* 1 vol. in-8 de
850 p., 250 grav. (GARNIER), broché,
12 fr., net. . . . . 9 fr. 75

Rel. spéc., tr. dor., 16 fr., net 12 fr. 75

Borelli (JULES) : *Ethiopie méridio-
nale,* Journal de mon voyage aux pays
Amhara, Oroma et Sidama (1885-1888).
1 beau vol. in-4, 200 ill. et 20 cartes
(QUANTIN). Br., 30 fr., net. . . 24 fr. »

Rel., fers spéc., 37 fr., net. 29 fr. 50

Brunel : *Le général Faidherbe.* Gr.
in-8, broché (DELAGRAVE). 10 fr.,
net. . . . . 8 fr. »

Rel., fers spéc., 13 fr., net. 10 fr. 50

Canivet (CHARLES) : *Contes du vieux pilote*, par JEAN DE NIVELLE. Rel. richement, 6 fr. 50, net. . . . 4 fr. 75

Chéron de la Bruyère (Mme) : *Princesse Rosalba*. Vol. ill. de 50 grav. (HACHETTE), broché, 4 fr., net. 3 fr. 25
Cart., fers spéc., 6 fr., net. 4 fr. 75

Clair (CHARLES) : *La Vie de saint Ignace de Loyola*. 1 vol. gr. in-8, 15 pl. hors texte, eaux-fortes et nombreux dessins dans le texte (PLON), broché, 20 fr., net. . . . 16 fr.
Cart., tr. dor., 24 fr., net. . . 20 fr.

Colomb (Mme) : *La Fille des bohémiens*. Vol. ill. de 96 grav. (HACHETTE), in-8, broché, 4 fr., net. . . . 3 fr. 25
Cart. perc., 6 fr., net. . . . 4 fr. 75

Dante Alighieri : *L'Enfer*, traduction française de P.-A. FIORENTINO, avec les 76 grandes compositions de GUSTAVE DORÉ, nouvelle édition. Un magnifique vol. in-8, cartonné (HACHETTE), 20 fr., net. . . . 16 fr.

Daryl (PHILIPPE) : *Le Yacht* (Histoire de la navigation de plaisance), 1 vol. in-4, ill. de 125 dessins de BOUDIER, etc. (QUANTIN), br., 25 fr., net. . , 20 fr. »
Riche cart. sous étoffe, 32 f., net. 25 f. 50

Daudet (ALPHONSE) : *Port-Tarascon*, collection GUILLAUME, édit. du *Figaro*. 1 beau vol. in-8, nombreuses ill. de MONTÉGUT, ROSSI, etc. Broché, 10 fr., net. . . . 8 fr. »
Rel. d'amat., 15 fr., net. . 12 fr. »

De la Ville de Mirmont (H.) : *Contes mythologiques*. Vol. ill. de 51 grav. (HACHETTE), in-8, br., 7 fr., net. 5 50
Cart. perc., 10 fr., net. . . . . . 8 fr.

Demoulin (Mme G.) : *Les Animaux étranges*. 1 vol. in-8, ill. de 172 grav. (HACHETTE), cartonné, tr. dorées. 6 fr., net. . . . . . 4 fr. 80

Deslys : *La Mère aux Chats*. 1 vol. in-8, ill. de 39 grav. (HACHETTE), cart., tr. dor., 6 fr., net . . . . . 4 fr. 80

Dieulafoy (MARCEL) : *L'Acropole de Suze*, d'après les fouilles exécutées en 1884, 1885, 1886, sous les auspices du Musée du Louvre. Première partie :

Histoire et Géographie, fascicule in-4, contenant 45 grav. Deuxième partie : *La Fortification*, fascicule in-4, contenant 94 gravures et 2 plans (HACHETTE). Chaque partie se vend séparément : br., 25 fr., net. . . . . . 20 fr.

Dupuis : *Au temps de Guillaume Tell*. Beau vol. in-8, br. (DELAGRAVE), 10 fr., net . . . . 8 fr.
Cart., fers sp., 14 fr., net. 11 fr. 25

Fabre (FERDINAND : *Xavière*, roman inédit, illustré par M. BOUTET DE MONVEL, de 36 planch. en taille douce, dont 28 grandes compositions hors texte, 4 en-têtes et 4 culs-de-lampe, tirage limité à 1,100 exempl. (BOUSSOD et VALADON). Beau vol. in-4, br., au lieu de 60 fr., net. . . . . . 48 fr.

Figaro illustré 1890-1891 : Magnifique publication, ill. de nombreux dessins, chromo-lithographies, pl. en couleurs, au lieu de 3 fr. 50, net. . . 2 fr. 75

Figuier (Louis) : *Supplément aux Merveilles de la Science*, description des inventions scientifiques depuis 1870, t. II, ill. de 46 gr. 1 vol. in-4, br., 10 fr., net. . . . . . . 8 fr. »
Dem.-rel. chag., tr. jasp., 14 fr. » net. . . . . 11 fr. 50

Fleuriot (ZÉNAÏDE) : *Rayon de Soleil*. Vol. ill. de 59 grav. (HACHETTE), in-8, br., 4 fr., net. . . . . 3 fr. 25
Cart., fers spéc., 6 fr., net. 4 fr. 75

Gallieni (Lieutenant-colonel) : *Deux campagnes au Soudan français* (HACHETTE). Beau vol. in-8, avec 166 grav. et une grande carte en couleurs, br., 15 fr., net. . . . . . . 12 fr.
Relié, tr. dor., 20 fr., net. . 16 fr.

Gautier (H.) : *En se cherchant* (DELAGRAVE). Ill. d'A. GUILLAUME, in-16, br., 3 fr. 50, net. . . . . . 2 fr. 75
Rel. toile, 5 fr. 50, net. . . . 4 fr. 40

Gonse (Louis) : *L'Art gothique*. 1 vol. in-4 de 450 pages, 28 planch. hors texte, 12 héliogravures, chromolithographies et 350 dessins dans le texte (QUANTIN). Carton. artistique, au lieu de 100 fr., net. . . . . . . 80 fr.

Gruyer (A.), membre de l'Institut : *Voyage autour du Salon Carré* (Musée du Louvre). Ouvrage ill. de 40 magnifiques héliogravures, par Braun (Didot), 1 vol gr in-4, de 600 pages.

Broché, 50 fr., net. . . . . . 40 fr
Relié richement, 65 fr., net. . 52 fr.

Guillaume (Albert) : Le *Repas à travers les âges*. Magnifique album gr. in-4, élégamment cartonné, renfermant 62 pl (Delagrave), 25 fr., net. 20 fr.

Jeanbernas (Dr) : *Mémoires d'un hanneton*. 1 vol. gr. in-8 (Delagrave), br., 10 fr., net. . . . . 8 fr. »

Cart., fers sp., 13 fr., net. 10 fr. 50

Journal de la jeunesse, année 1800 (Hachette). 2 vol in-4, br., 20 f., net. 16 fr.

Cart. perc., 26 fr. net. . . . 21 fr.

Jouy (Jules) : *Les Chansons des joujoux*, musique de Claudius Blanc et Léopold Dauphin 20 compositions hors texte, 50 dessins, par Adrien Marie, reproduits en deux tons et accompagnant le texte et la musique (Quantin). Richement cartonné, 10 fr., net. . . . . 8 fr.

Labesse et Pierret : *Fleur des Alpes*. 1 vol. in-4, orné de 100 vues, figures et compositions originales (Ducrocq), relié richement, tranches dorées, 8 fr., net. . . . . 6 fr. 50

Le Faure (George.) : *Aventures de Sidi-Froussard*, Hanoï, Sontay, Baclé, Langson, etc., 180 dessins de Vallet et G. Fau, et 8 cartes. Cart. percal., tr. dor., 8 fr. 50, net. . 6 fr. 75

Demi-rel., 10 fr., net . . . . 8 fr. »

Lemaistre (Alexis) : *Les Jeunes filles aux examens et à l'École*, texte et dessins d'après nature, 45 grav (Didot).

Broché, 10 fr., net. . . . . 8 fr. »
Rel. toile, 13 fr., net. . . . 10 fr. 50
Rel. d'amateur, 15 fr., net. 12 fr. »

Lonlay Dick (de) : *Français et Allemands*. Le blocus de Metz, Peltre, Mercy-le-Haut. 1 fort volume in-8, ill., dessins de l'auteur, cartes et plans (Garnier), br., 3 fr. 50, net. . . 2 fr 75

Rel., fers spéc., 6 fr., net. . 4 fr. 75

Mathis : *L'Alsace et les Alsaciens à travers les siècles*. 45 dessins dans le texte, 16 compositions hors texte, 4 aquarelles, rel. toile, 20 fr., net. 16 fr.

Méaulle (F.) : *Le Petit amiral*. 1 magnifique vol. in-4, ill. de 100 compositions (Ducrocq), rel. toile anglaise, fers spéc., tr. dor., 10 fr., net . . . 8 fr.

Mistral (Frédéric) : *Mireille*, poème provençal, traduit en français par l'auteur, nouv. éd. 1 magnifique vol. in-8, contenant 25 eaux-fortes, par Eugène Barnaud, reproduites par le procédé de M. Lumière, de Lyon, et 35 dessins du même artiste, reproduits en typographies (Hachette), br., 25 fr., net, 20 fr.

Richement relié avec fers spéc. 34 fr. net. . . . . 26 fr. 50

Mon premier Alphabet, illustré de plus de 150 gravures Magnifique volume in-4, avec couvert. en coul. (Hachette), cartonné, 2 fr., net. . . . . . . 1 fr. 60

Mouton (E.) : *Vie et aventures du capitaine Marius Gougourdan*. In-8, illustré de 66 gravures (Hachette), br., 7 fr., net. . . . . 5 fr. 50

Cart. perc., 10 fr., net . . 8 fr. »

Müntz (Eugène) : *Histoire de l'Art pendant la Renaissance*, t. II; Italie : L'Age d'or (Hachette). Beau vol in-8, broché, 35 fr., net. . . . . . 28 fr. »

Relié, fers sp., 43 fr., net. 34 fr. 50

Ohnet (Georges) : *Le Maître de forges*. 1 vol. gr. in-8, tiré à petit nombre sur papier vélin blanc, avec les planches en noir (Ollendorff), 20 fr., net. 16 fr.

Petits Danseurs (Les) : 25 *Danses célèbres*, arrangées et doigtés très facilement pour les petites mains. 1 album cartonné (Quantin), 10 fr., net. 8 fr.

Paris-Noël (1890-1891), suppléments artistiques : tableaux, aquarelles, etc., splendide revue de fin d'année, au lieu de 3 fr. 50, net . . . . 2 fr. 75

Quatrelles : *Histoire de l'intrépide capitaine Castagnette*, avec les illustrations de G. Doré. Album in-4, couv. en coul. (Hachette), cartonné, 4 fr., net. . . . . 3 fr. 25

Quesnay de Beaurepaire : *De Wissembourg à Ingolstadt* (1870-1871). Souvenirs d'un capitaine prisonnier de guerre en Bavière, 26 dessins d'après nature (Didot). 1 volume in-8, cart. percal., tr. dor., 5 fr. 50, net. 4 fr. 50

Genre demi-rel., 6 fr., net. 4 fr. 75

Reclus (Elisée) : *Nouvelle Géographie universelle.* La Terre et les hommes, t. XVI : *Indes occidentales* (Hachette). 1 vol. in-8, br., 30 fr., net. . 22 fr. 50
  Rel. amat. ou fers spéc., 37 fr. ➤ net. . . . . 29 fr. ➤

Romain d'Aurignac : *Trois ans chez les Argentins*, ill. de 100 dessins de Riou, 1 vol. in-8, br., 15 fr., net. 12 fr.
  Cart., fers spéc., 20 fr., net. . . 16 fr.

Rondes et Chansons du Premier âge, paroles de Hippolyte Ryon, musique de Franz Liouville, ill. par Bouisset
  Richement cart., 7 fr., net. 5 fr. 75

Saint-Albin (A. de) : *Les Courses de chevaux en France* (Hachette). In-8, contenant 19 grav. sur bois, 36 photogravures et 66 vignettes, par Crafty, broché, 12 fr., net. . . . . . 9 fr. 50
  Cartonné, 13 fr. 50, net. . 10 fr. 75

Saint-Nicolas : *Journal illustré pour garçons et filles*, chaque année forme 1 vol. pet. in-4, magnif. ill. (Delagrave) broché, 18 fr., net. . . . . . 14 fr. 50
  Rel., fers spéc., 22 fr., net. 17 fr. 50

Samary (Jeanne) : *Les Gourmandises de Charlotte*, avec une préface, par M. Ed. Pailleron. Album in-4, contenant 32 pl. en couleurs, par Job (Hachette), cartonné, 4 fr., net. . 3 fr. 25

Santa Anna Nery (De) : *Aux États-Unis du Brésil* (Delagrave). Beau vol. in-8, br., 10 fr., net. . . . 8 fr. ➤
  Cart., fers spéc., 14 fr., net. 11 fr. 25

Seignobos (Ch.) : *Scènes et épisodes de l'histoire nationale.* Edit. de grand luxe, 1 magnif. vol. in-4, ill. de 60 gr. composit. (Collin); br., 40 fr., net. . 32 fr.
  Richement rel., 50 fr., net. . 40 fr.

Stanley (H.-M.) : *Dans les ténèbres de l'Afrique*, recherche, délivrance et retraite d'Emin-Pacha. Deux beaux vol. in-8, contenant 150 grav. et 3 cartes en couleurs, broché, 30 fr., net. 24 fr. ➤
  Reliés, 38 fr., net. . . . . . 30 fr. 50

Tante Nicole : *Pourquoi? Pourquoi?*

Pet. in-4 (Delagrave), Broché, 3 fr. 50 net. . . . . 2 fr. 75
  Relié, fers spéc., 5 fr., net. 4 fr. ➤

Theuriet (André) : *Reine des bois*, roman inédit, illustré par Laurent-Desrousseaux de 36 pl. en taille-douce, dont 18 grandes compositions hors texte, 9 entêtes et 9 culs-de-lampe. Beau vol. in-4, broché (Boussod et Valadon), au lieu de 60 fr., net. . . . . 48 fr.

Tissandier (Gaston) : *La nature*, revue des sciences et de leurs applications aux arts et à l'industrie (année 1890). 1 vol. in-4, br., 10 fr., net. . . . . 8 fr. ➤
  Rel., 14 fr., net. . . . . . 11 fr. 50

Tour du Monde (Le) : *Nouveau journal des voyages*, publié sous la direction de M. Edouard Charton. Année 1890, ill. de 600 grav. sur bois et 15 cartes ou plans (Hachette), br. en 2 vol., 25 fr., net. . . . . 20 fr.
  Demi-rel. chagr., tr. rouges semées d'or, 31 fr., net. . . . . 25 fr.

Uzanne (Octave) : *Le Paroissien du célibataire.* 1 élégant vol. in-8, contenant un frontispice et 10 têtes de chapitre gravés à l'eau-forte (Quantin), au lieu de 20 fr., net. . . . . 16 fr.

Vallet (L.) : *Le chic à cheval*, histoire pittoresque de l'équitation. Ouvrage ill. de 300 grav. dont 50 hors texte en couleur (Didot), 1 vol. in-4, br., 22 fr., net. . . . . 17 fr. 50
  Rel. d'amat., 30 fr., net. . 24 fr. ➤

Walter Scott : *Peveril du Pic*, dessins d'Adrien Moreau (Didot). 1 vol. in-8, br., 10 fr., net. . . . . . . 8 fr. ➤
  Cart., fers spéc., 13 fr., net. 10 fr. 50
  Rel. d'amat., 15 fr., net. . 12 fr. ➤

Witt (Mme de, née Guizot) : *Les Bourgeois de Calais.* 1 vol. in-4, nombreuses ill. par Zier (Quantin). Cartonnage spécial, 12 fr., net. . . . . . 9 fr. 50

Wyzewa (De) et **Perreau** (X.) : *Les grands peintres de l'Allemagne, de l'Espagne, de l'Angleterre et de la France* (Didot). 1 beau vol. in-8, ill. de 350 grav., br., 12 fr., net. . 9 fr. 75
  Rel., 18 fr., net. . . . . . 14 fr. 50

VIENT DE PARAITRE

BIBLIOTHÈQUE CAMILLE FLAMMARION

ÉMILE DESBEAUX

LAURÉAT DE L'INSTITUT

PHYSIQUE POPULAIRE

OUVRAGE MAGNIFIQUEMENT ILLUSTRÉ DE PLUS DE 500 GRAVURES

ET DE 4 AQUARELLES

La **Physique populaire** renferme toutes les découvertes nouvelles de la Science et de l'Industrie, les diverses applications de l'Énergie, le Phonographe, le Téléphone, le Téléphonographe, le Téléphote, ainsi que les manifestations si variées des forces de la nature, l'Énergie électrique, l'Énergie lumineuse, l'Énergie calorifique, merveilleux phénomènes qui s'accomplissent chaque jour autour de nous et constituent, en somme, la vie de la Terre et le cadre de la vie humaine.

Les précédents ouvrages de M. ÉMILE DESBEAUX, couronnés à deux reprises par l'Académie française, adoptés par le Ministère de l'Instruction publique pour les bibliothèques scolaires et populaires, traduits en plusieurs langues, sont un sûr garant du succès auquel est destinée la **Physique populaire**.

UN BEAU VOLUME GRAND IN-8 JÉSUS

PRIX : Broché . . . . Au lieu de 10 fr., net. **8 fr.**
— Relié toile, tranches dorées et plaque . Au lieu de 14 fr., net. **10 50**
— Relié demi-chagrin, tranches dorées . Au lieu de 15 fr., net. **11 25**
— Relié amateur . . . . Au lieu de 16 fr., net. **12 fr.**

SPÉCIMEN DES GRAVURES DE LA « PHYSIQUE POPULAIRE »

Brûlé vif par l'Électricité.

BIBLIOTHÈQUE DE LA JEUNESSE

LE
VICTOR HUGO DE LA JEUNESSE

PETIT PAUL — LES PAUVRES GENS

LA LÉGENDE DU BEAU PÉCOPIN — L'ÉPOPÉE DU LION

ILLUSTRATIONS

DE

A. BRUN, Adrien MARIE, A. LANÇON

C. JULIEN, J. FÉRAT, L. MOUCHOT, ROCHEGROSSE, WOGEL

Gravure de MÉAULLE

UN BEAU VOLUME GRAND IN-8 JÉSUS

Prix : Broché . . . . Au lieu de 10 fr., net. **8 fr.** »
— Relié toile, tranches dorées, plaque . . . Au lieu de 14 fr., net. **10 fr. 50**
— Relié demi-chagrin, tranches dorées . . . Au lieu de 16 fr., net. **12 fr.** »

BERTALL

LES
PLAGES DE FRANCE

MANCHE — OCÉAN — MÉDITERRANÉE

677 ILLUSTRATIONS

DE

BERTALL & SCOTT

UN BEAU VOLUME GRAND IN-8 JÉSUS

Prix : Broché . . . . Au lieu de 10 fr., net. **8 fr.** »
— Reliure toile, tranches dorées, plaque . . Au lieu de 14 fr., net. **10 fr. 50**
— Reliure demi-chagrin, tranches dorées . . Au lieu de 16 fr., net. **12 fr.** »

SPÉCIMEN DES GRAVURES DES « PLAGES DE FRANCE »

Alphonse Karr à Saint-Raphaël.

PUBLICATIONS DE GRAND LUXE

ÉDITION QUANTIN

AUGUSTE VITU

PARIS

500 DESSINS INÉDITS D'APRÈS NATURE

Un volume grand in-4°

En belle reliure spéciale. Prix . . . . . . Au lieu de 25 fr., net. **19 fr. 75**

ÉDITION LEVASSEUR

GÉNÉRAL THOUMAS

AUTOUR DU DRAPEAU
TRICOLORE
1789-1889

Ouvrage illustré de 200 Illustrations par SERGENT et de 32 gravures en couleurs

Un volume grand in-8°

Prix : Broché . . 17 fr., net. **13 fr. 50**; Relié . . . . . 20 fr., net. **16 fr.**

S. BING

LE JAPON
ARTISTIQUE

DOCUMENTS D'ART ET D'INDUSTRIE

Nombreuses Planches en couleurs

Première année. — Un volume in-4°, reliure artistique . . . . . 25 fr., net. **20** fr.
— Les deux semestres reliés. Chaque vol . . . . . 15 fr., net. **12** fr.
Deuxième année. — Un volume in-4°, reliure artistique. . . . . 25 fr., net. **20** fr.
— Les deux semestres reliés. Chaque volume . . . 25 fr., net. **12** fr.

VIENT DE PARAITRE

Troisième année. — Le premier semestre, relié . . . . 15 fr., net. **12** fr.

HISTOIRE & GÉOGRAPHIE

Colonel FREY

COTE OCCIDENTALE D'AFRIQUE

VUES — SCÈNES — CROQUIS

NOMBREUSES ILLUSTRATIONS

DE

Bretegnier, Darondeau, Fernando, Jeanniot, Nousveaux, Philippe

4 CARTES TIRÉES EN COULEUR

UN BEAU VOLUME GRAND IN-8 JÉSUS

PRIX : Broché. . . . . Au lieu de 10 fr., net. **8 fr.** »
— Relié toile, tranches dorées, plaque or . . Au lieu de 14 fr., net. **10 fr. 50**
— Relié demi-chagrin, tranches dorées . . . Au lieu de 15 fr., net. **11 fr. 25**
— Relié amateur, coins. . . . . Au lieu de 16 fr., net. **12 fr.** »

GUSTAVE LE BON

CHARGÉ PAR LE MINISTRE DE L'INSTRUCTION PUBLIQUE D'UNE MISSION EN ORIENT

OFFICIER DE LA LÉGION D'HONNEUR, ETC.

LES PREMIÈRES CIVILISATIONS

OUVRAGE ILLUSTRÉ

DE 443 GRAVURES COMPRENANT 41 RESTITUTIONS, 60 PHOTOGRAVURES ET 9 PHOTOGRAPHIES

DESSINS D'APRÈS NATURE OU D'APRÈS DES DOCUMENTS AUTHENTIQUES

UN BEAU VOLUME GRAND IN-8 JÉSUS

PRIX : Broché . . . . 12 fr., net. **9 fr. 50**
— Relié toile, tranches dorées et plaque . . . . 16 fr., net. **12 fr.** »
— Relié demi-chagrin, tranches dorées. . . . . 17 fr., net. **13 fr.** »
— Relié amateur . . . . 18 fr., net. **14 fr.** »

Onzième mille

CAMILLE FLAMMARION

Uranie

ILLUSTRATIONS

DE

BIELER

GAMBARD

ET

MYRBACH

COLLECTION

GUILLAUME

ILLUSTRÉE

—

ÉDITION

DU

FIGARO

Un volume in-8°. Prix : Broché. . . . . Au lieu de 10 fr., net. **8 fr. »**
—   —   — Reliure d'amat. spéciale. Au lieu de 15 fr., net. **11 fr. 50**

BIBLIOTHÈQUE DE LA JEUNESSE

BERTHE FLAMMARION
HISTOIRE TRÈS VRAIE
DE
TROIS ENFANTS COURAGEUX

Édition illustrée de 180 dessins et planches par Montader.

Un beau volume grand in-8° jésus. — Prix : broché . . . . 10 fr., net. **8** fr.
Relié toile, tr. dor. et plaque. 14 fr., net. **10** fr. **50**. — Relié d.-chagr., tr. dor. 16 fr., net, **12** fr.

EDGAR MONTEIL
JEAN-LE-CONQUÉRANT

Publication de luxe illustrée de 260 compositions par Montégut.

Un beau volume grand in-8° jésus. — Prix : broché. . . . . 14 fr., net. **8** fr.
Relié toile, tr. dor. et plaque. 14 fr., net. **10** fr. **50**. — Relié d.-chagr., tr. dor. 16 fr., net. **12** fr.

ALPHONSE DAUDET
LA BELLE-NIVERNAISE

HISTOIRE D'UN VIEUX BATEAU & DE SON ÉQUIPAGE

Édition de grand luxe illustrée de 221 gravures par Montégut.

Un beau volume grand in-8° jésus. — Prix : broché. . . . . 10 fr., net. **8** fr.
Relié toile, tr. dor. et plaque. 14 fr., net. **10** fr. **50**. — Relié d.-chagr., tr. dor. 16 fr., net. **12** fr.

HECTOR MALOT
LA PETITE SŒUR

Édition spéciale pour la jeunesse, illustrée par Chapuis, Dascher, G. Guyot, H. Martin,
Mouchot, Rochegrosse, Vogel. — Gravures de F. Méaulle.

Un beau volume grand in-8° jésus. — Prix : broché. . . . . 10 fr., net. **8** fr.
Relié toile, tr. dor. et plaque. 14 fr., net. **10** fr. **50**. — Relié d.-chagr., tr. dor. 16 fr., net. **12** fr.

Ouvrage couronné par l'Académie française.

MARIE ROBERT HALT
HISTOIRE D'UN PETIT HOMME

Édition de grand luxe ornée de près de 100 gravures.

Un volume grand in-8° jésus. — Prix : broché. . . . . 16 fr., net. **8** fr.
Relié toile, tr. dor. et plaque. 14 fr., net. **10** fr. **50**. — Relié d.-chagr., tr. dor. 10 fr., net. **12** fr.

DU MÊME AUTEUR
LA PETITE LAZARE

Édition de grand luxe, illustrée par Gilbert.

Un volume grand in-8° jésus. — Prix : broché. . . . . 10 fr., net. **8** fr.
Relié toile, tr. dor. et plaque. 14 fr., net. **10** fr. **50**. — Relié d.-chagr., tr. dor. 16 fr., net. **12** fr.

OUVRAGES DE CAMILLE FLAMMARION

Ouvrage couronné par l'Académie française

ASTRONOMIE POPULAIRE

NOUVELLE ÉDITION COMPLÈTEMENT REFONDUE

Centième mille

UN BEAU VOLUME GRAND IN-8 JÉSUS DE 840 PAGES, COURONNÉ PAR L'ACADÉMIE FRANÇAISE

Illustré de 360 gravures, 7 chromolithographies, cartes célestes, etc.

PRIX : Broché............................ Au lieu de 12 fr., net. **9 fr. 50**
— Relié toile, tranches dorées et plaque.. Au lieu de 16 fr., net. **12 fr.** »
— — demi-chagrin, tranches dorées .... Au lieu de 17 fr., net. **13 fr.** »
— Reliure d'amateur, avec coins............ Au lieu de 18 fr., net. **14 fr.** »

LES ÉTOILES

ET LES CURIOSITÉS DU CIEL

Description complète du Ciel, étoile par étoile, Constellations, Instruments, etc.

QUARANTIÈME MILLE

Un volume grand in-8 jésus, illustré de 400 gravures et de chromolithographies.

PRIX : Broché............................ Au lieu de 12 fr., net. **9 fr. 50**
— Relié toile, tranches dorées et plaque ... Au lieu de 16 fr., net. **12 fr.** »
— — demi-chagrin, tranches dorées. ... Au lieu de 17 fr., net. **13 fr.** »
— Reliure d'amateur, avec coins............ Au lieu de 18 fr., net. **14 fr.** »

LES TERRES DU CIEL

DESCRIPTION DES AUTRES MONDES, ÉTAT PROBABLE DE LA VIE A LEUR SURFACE

Ouvrage illustré de photographies célestes, vues télescopiques, cartes et nombreuses figures.

Un volume grand in-8 jésus.

PRIX : Broché............................ Au lieu de 12 fr., net. **9 fr. 50**
— Relié toile, tranches dorées et plaque.... Au lieu de 16 fr., net. **12 fr.** »
— — demi-chagrin, tranches dorées...... Au lieu de 17 fr., net. **13 fr.** »
— Reliure d'amateur, avec coins............ Au lieu de 18 fr., net. **14 fr.** »

LE MONDE

AVANT LA CRÉATION DE L'HOMME

ORIGINES DE LA TERRE — ORIGINES DE LA VIE — ORIGINES DE L'HUMANITÉ

Un volume grand in-8 jésus, illustré de plus de 400 figures, vues idéales du monde antédiluvien,
chromolithographies, cartes en couleurs, etc.

Prix : Broché .... Au lieu de 12 fr., net. **9 fr. 50**
— Relié toile, tranches dorées et plaque .... Au lieu de 16 fr., net. **12 fr.** »
— — demi-chagrin, tranches dorées ..... Au lieu de 17 fr., net. **13 fr.** »
— Reliure d'amateur, avec coins............ Au lieu de 18 fr., net. **14 fr.** »

HENRI DU CLEUZIOU

LA CRÉATION DE L'HOMME

ET LES PREMIERS AGES DE L'HUMANITÉ

Ouvrage faisant suite au MONDE AVANT LA CRÉATION DE L'HOMME, 1 beau volume grand in-8 jésus,
illustré de 350 figures, 5 grandes planches tirées à part, 2 cartes en couleurs,

Prix : Broché .... Au lieu de 12 fr., net. **9 fr. 50**
— Relié toile, tranches dorées et plaque.... Au lieu de 16 fr., net. **12 fr.** »
— — demi-chagrin, tranches dorées. ..... Au lieu de 17 fr., net. **13 fr.** »
— Reliure d'amateur, avec coins............ Au lieu de 18 fr., net. **14 fr.** »

MAGNIFIQUES OCCASIONS POUR ÉTRENNES

Vient de Paraître

LOUIS JACOLLIOT

Les
Ravageurs de la Mer

ILLUSTRATIONS DE CLÉRICE

UN VOLUME GRAND IN-8°

Prix : Broché . . . . 9 fr., net. **7 fr.** »
— Relié toile, plaque, tranches dorées. . . . . 13 fr., net. **9 fr. 50**
— Relié demi-chagrin, tranches dorées. . . . . 15 fr., net. **11 fr. 25**

ALBUMS ENFANTINS

HENRIOT
ALBUM MAGIQUE
à surprises et changements à vue, illustré de 70 dessins en couleurs.
Un volume in-16 colombier, cartonnage riche. Prix....................... 5 fr., net. 4 fr.
« Il suffit de feuilleter cet **Album** en changeant le pouce de place, sans appuyer fortement, pour obtenir
« dix transformations de dessins. »

ARMAND SILVESTRE
LES TOCASSON
Bel album in-8 colombier, avec nombreuses illustrations en rouge et noir, de Robert Tinant.
Prix : Cartonné toile, au lieu de 4 fr., net .... **1 fr. 75**

HENRY DEMESSE

UNE JOURNÉE D'ENFANT	CENT DESSINS DE MAITRE
75 COMPOSITIONS PAR ADRIEN MARIE	REPRODUITS EN FAC-SIMILE
Un très élégant album cartonné. Prix : au lieu de 6 fr. **1 fr. 75**	Album in-4 cartonné. Prix : au lieu de 10 fr....... **3 fr. 50**

LA MARCHE A L'ÉTOILE
Mystère en 10 tableaux
POÈME ET MUSIQUE DE GEORGES FRAGEROLLE. — DESSINS DE HENRI RIVIÈRE
Un album in-4° oblong. Prix .... 6 fr., net. 4 fr.

BIBLIOTHÈQUE MINIATURE
REPRODUCTION MICROSCOPIQUE D'ÉDITIONS DE LUXE
VOLUMES PARUS :

BERNARDIN DE ST-PIERRE		SILVIO PELLICO
—		—
PAUL & VIRGINIE		**MES PRISONS**
UN VOLUME		Édition illustrée.
—		UN VOLUME
LA FONTAINE		L'ABBÉ PRÉVOST
—		—
FABLES		**MANON LESCAUT**
DEUX VOLUMES		Édition illustrée.
	Spécimen de *Manon Lescaut* illustré.	DEUX VOLUMES

Prix de chaque volume.. 2 fr. 50, net. **2 fr.** »
— En belle reliure d'amateur .... 4 fr. 50, net. **3 fr. 50**
— Les six volumes en *reliure pleine* avec étui en peluche .... 40 fr. », net. **32 fr.** »
Cet écrin artistique est le succès de la Saison pour les **ÉTRENNES AUX DAMES**

ETRENNES SÉRIEUSES

ALFRED BARBOU
LA VIE DE VICTOR HUGO
Édition illustrée par
ÉMILE BAYARD, CLERGET, GIACOMELLI, J.-P. LAURENS, LIX, VOGEL, ZIER
Et d'un grand nombre de DESSINS DE VICTOR HUGO
Un beau vol. gr. in-8°. — Prix : relié toile, tranches dorées, plaque.. 8 fr., net. **6 fr.**

OEUVRES DE W. SHAKSPEARE
TRADUCTION DE F. VICTOR HUGO
18 volumes in-8, illustrés de 36 eaux-fortes de PILLE
Reliure d'amateur, coins et tête dorés, au lieu de 180 fr., net.................. **100 fr.**

SPIRE BLONDEL
GRAMMAIRE DE LA CURIOSITÉ
L'ART INTIME ET LE GOUT EN FRANCE
Ouvrage illustré de 190 vignettes et de 25 planches hors texte.
Un beau volume in-8, broché, au lieu de 20 fr., net................. **10 fr.**
Relié toile, plaque spéciale, au lieu de 30 fr................. **12 fr. 50**

COLLECTION GUILLAUME

VICTOR HUGO
NOTRE-DAME-DE-PARIS
2 vol. illustrés par ROSSI, MYRBACH, BIELER
Prix : Broché, 7 fr., net, **5 fr. 50**
Reliure d'amateur, 12 fr., net, **9 fr. 50**

ALPHONSE DAUDET
SOUVENIRS D'UN HOMME DE LETTRES
1 vol. in-18, illustré par MONTÉGUT, ROSSI, BIELER, MYRBACH, etc.
Prix : Broché, 3 fr. 50, net.......... **2 fr. 75**
Reliure d'amateur, 6 fr., net. **4 fr. 75**

ALPHONSE DAUDET

AVENTURES PRODIGIEUSES DE TARTARIN DE TARASCON
Illustrations de Rossi, Montégut, Myrbach, Picard et Girardot.
Un vol. in-18. Prix : 3 fr. 50, net. **2 fr. 75**
Belle reliure d'amateur, 6 fr., net...... **4 fr. 75**

TARTARIN SUR LES ALPES
Édition illustrée de 150 compositions
Par MM. Myrbach, Aranda, de Beaumont, Rossi, Montenard.
Un volume in-18. Prix : 3 fr. 50, net..... **2 fr. 75**
Reliure d'amateur, 6 fr., net. **4 fr. 75**

JACK
ILLUSTRATIONS DE MYRBACH
Édition complète en un volume.
Prix : Broché, 3 fr. 50, net. **2 fr. 75**
Reliure d'amateur, 6 fr., net.......... **4 fr. 75**

TRENTE ANS DE PARIS
Un volume in-18, illustré par Montégut, Myrbach, Rossi, etc.
Prix : broché, 3 fr. 50, net., **2 fr. 75**
Reliure d'amateur, 7 fr., net.......... **4 fr. 75**

OCCASIONS

DUPINEY DE VOREPIERRE
DICTIONNAIRE FRANÇAIS ILLUSTRÉ & ENCYCLOPÉDIE UNIVERSELLE
Ouvrage orné de 2,000 gravures, 2 forts volumes in-4° de 1,400 pages chacun, bonne demi-reliure chagrin, tranches jaspées, plats toile. Au lieu de 100 francs, net................. **30 fr.**

MALTE-BRUN
GÉOGRAPHIE UNIVERSELLE
DESCRIPTION DE L'EUROPE
Ouvrage illustré de nombreuses gravures, 2,500 pages de texte, 2 volumes in-4°, reliure plaque spéciale.
Au lieu de 70 fr................. **25 fr.**

OUVRAGES DE LUXE

D'ÉTRENNES ET DE BIBLIOTHÈQUE

Augier (Émile) : *Théâtre complet et Œuvres diverses.* 7 vol. in-12 (C. Lévy). Belle reliure, tête dorée, au lieu de 45 fr., net . . . . 35 fr.

   Le même ouvrage, d.-rel., tr. jasp., net . . . . 27 fr.

Auteurs comiques : *Chefs-d'œuvre.* Scarron, Montfleury, La Fontaine, Marivaux, etc. 8 vol. in-18 (Didot). Belle rel., au lieu de 36 fr., net. 25 fr.

Blanc (Louis) : *Histoire de la Révolution française.* 15 vol. in-18. Belle reliure, au lieu de 70 fr., net. . . 40 fr.

— *Histoire de la Révolution de 1848.* 2 vol. in-18. Reliure en chagr., 10 fr., net . . . . 7 fr.

— *Histoire de Dix ans* (1830-1840). 5 vol. in-8, rel. demi-chagrin, 40 fr., net. . . . . 30 fr.

Buckle : *Histoire de la civilisation en Angleterre.* Traduction Baillot. 5 vol. in-18, d.-rel. chag., 25 fr., net. 20 fr.

Calderon : *Théâtre.* 3 vol. in-18, demi-rel. chagr. tr. jaspées, au lieu de 15 fr., net . . . . 9 fr.

Chroniques de l'œil de Bœuf, par Touchard Lafosse. 1 vol in-18, demi-rel., tr. jasp., au lieu de 30 fr., net 20 fr.

Cooper : *Œuvres.* Traduction Defauconpret. 30 vol. in-8 ornés de jolies grav., d'après les dessins d'Alfred et Tony Johannot (Jouvet). Belle rel. en chag., au lieu de 175 fr., net . 120 fr.

Cleuziou (Henri du) : *L'Art national.* Étude sur l'histoire de l'art en France. 2 magnifiques volumes contenant des chromolithographies, des planches tirées à part et de nombreuses gravures intercalées dans le texte (Levasseur, édit.). Belle reliure avec plaques, tr. dor. Prix des 2 vol., au lieu de 100 fr., net. 60 fr.

Drioux (Abbé) : *Les Fêtes chrétiennes.* 1 fort vol. in-8, ill. de 4 chromolithographies, de 31 gravures sur acier, tirées en bistre, de 40 compositions sur bois, hors texte, imprimées en couleur, et de nombreuses vignettes (Jouvet, édit.). Relié en d.-chag., tr. dor., avec plaque spéciale, au lieu de 40 fr., net . 30 fr.

Delavigne (Casimir) : *Œuvres complètes*, nouv. édit., augmentée de poésies inédites (Didot). 4 vol. in-12, reliés amateur, tête dorée, au lieu de 25 fr., net. . . . . 20 fr.

Delord (Taxile) : *Histoire du second Empire.* 6 vol. in-8 (Alcan). Rel. solidement, demi-chag., au lieu de 54 fr., net. . . . . 40 fr.

Du Camp (Maxime) : *Paris, ses organes, ses fonctions, sa vie.* 6 vol. in-12 (Hachette). Reliés, amateur, tête dorée, au lieu de 38 fr., net. . . . . 30 fr.

— *Les Convulsions de Paris.* 4 vol. in-12, rel. amateur, tête dorée, 25 fr., net. . . . . 18 fr.

Duruy : *Histoire des Romains depuis les temps les plus reculés jusqu'à l'invasion des Barbares.* 7 vol. gr. in-8, d.-rel. chag., fers spéciaux, tr. dor., 224 fr., net. . . . . 170 fr.

   Chaque vol. séparément, rel. d'amateur ou rel. plaque, 32 fr., net . 25 fr.

— *Histoire des Grecs depuis les temps les plus reculés jusqu'à la réduction de la Grèce en province romaine.* 3 vol. in-8 jésus, contenant 2200 gravures et 24 chromolithographies ou cartes. Rel. plaqué, fers spéciaux.

   Chaque vol. se vend séparément. Broché, 25 fr., net. . . . . 20 fr.

   Relié, au lieu de 32 fr., net. . 25 fr.

Figuier (Louis) : *Les Merveilles de la Science*, ou description populaire des inventions modernes. 4 vol. gr. in-8, ill. de 1817 grav. (Jouvet). Belle rel., d.-chag., tr. jasp., 60 fr., net. . 45 fr.

— *Les Merveilles de l'Industrie*, ou description populaire de procédés industriels depuis les temps les plus reculés jusqu'à nos jours. 4 forts vol. gr. in-8, ill. de 1388 grav., belle rel. dem.-chag. tr. jasp., 60 fr., net . . . . 45 fr.

Galland : *Les Milles et une Nuits* (contes arabes). 3 vol. in-18, demi-rel. chagr., au lieu de 15 fr., net . . . . . . 9 fr.

Gervinus (G.-G.) : *Histoire du XIXe siècle*, depuis les traités de Vienne, avec l'introduction, trad. sur la 4e édit. allemande par J.-F. Minssen. 23 vol. in-8, belle reliure, 184 fr., net. . . . . 110 fr

Girardin (Mme Emile de), née Delphine Gay : *Œuvres complètes*. 6 beaux vol. in-8 bien imprimés, sur beau papier (Plon). (*Edition épuisée.*) Jolie rel. chag., tête dorée, 60 fr., net . . 30 fr.

Gœthe : *Œuvres*. Éditon Charpentier. 14 vol. in-18, demi-rel. chagr., au lieu de 75 fr., net. . . . . 42 fr.

— *Œuvres*. Traduction Jacques Porchat. 10 vol. in-8, demi-rel. chag., tr. jasp. (Hachette), 90 fr., net. . . . . . 60 fr.

Grote (G.) : *Histoire de la Grèce*. Traduction A.-L. de Sadous. 19 vol. in-8. (ouvr. couronné par l'Acad. française). Belle rel., 150 fr., net. . . . . . 90 fr.

Guizot : *Histoire de la civilisation en France et en Europe*. 5 vol. in-12 (Didier). Jolie rel., tête dorée, 30 fr., net. . . . . 25 fr.

— *L'Histoire de France racontée à mes petits-enfants*. 7 vol. in-4, avec de nombreuses gravures en couleur ou en noir d'après les dessins de Neuville, d.-rel. chag., fers spéciaux ou rel. d'amateur, tête dorée, coins, 187 fr., net . 150 fr.

Gouffé : *Le Livre de cuisine*. 1 magnifique vol., avec 4 planches en couleurs et 182 gravures dessinés par Ronjat, cartonné percaline, au lieu de 17 fr. 25, net. . . . . 15 fr.

Hugo (Victor) : *Œuvres*. (Edit. Hetzel-Quantin) (*ne variatur*). 46 vol. in-8, demi-reliure chagrin, au lieu de 483 fr., net . . . . 350 fr.

— *Les Misérables*. 8 vol. in-18 rel. en 4, rel. amat., tête dorée, 30 fr., net 20 fr.

Labiche (E.) : *Théâtre complet*, avec une préface par Emile Augier. 10 vol. in-12 (Edit. Lévy), belle reliure, tête dorée, au lieu de 60 fr., net. . . . . . 45 fr.
   Le même, demi-reliure, tranches jasp., au lieu de 50 fr., net. . . 38 fr.

Lamartine (Alph. de) : *Histoire des Girondins*. 6 vol. in-12, belle rel., tête dorée, au lieu de 38 fr., net. . . 30 fr.

Laurent (Fr.) : *Histoire du Droit des gens*, Etude sur l'histoire de l'humanité. 18 vol. gr. in-8, belle rel. d.-chagrin, 200 fr., net. . . . . 125 fr.

Lavallée : *Histoire des Français*, depuis les Gaulois jusqu'à nos jours. 6 vol. in-12, jolie reliure, tête dorée, 35 fr., net. . . . . 30 fr.

Le Costume historique et ses accessoires, par Racinet (armes, outils, objets usuels, décors de l'habitation, etc...), depuis l'antiquité jusqu'à nos jours. Ouvrage illustré de 500 planches dont 300 en couleur, or et argent, édition sur grand papier, 20 livraisons en carton (Didot), 500 fr., net. . . 300 fr.
   Le même, format in-8, 240 francs, net . . . . 170 fr.

Lacroix (Paul) (Bibliophile Jacob). Chaque volume orné de nombreuses gravures et planches chromolithographiques. Broché, au lieu de 30 francs, net. . . . . 24 fr.
   Reliure d'amateur, ou reliure plaque, au lieu de 40 fr., net. . . . . . 32 fr.

— *Les Arts au moyen âge et à l'époque de la Renaissance* . . . . 1 vol.

— *Mœurs, Usages et Costumes au moyen âge et à l'époque de la Renaissance* . . . . 1 vol.

— *Vie militaire et religieuse au moyen âge* . . . . 1 vol.

— *Sciences et Lettres au moyen âge* . . . . 1 vol.

— *Dix-septième Siècle*, institutions, usages et costumes . . . . 1 vol.

— *Dix-septième Siècle*, lettres, sciences et arts . . . . 1 vol.

— *Dix-huitième Siècle*, institutions, usages et costumes. . . . . 1 vol.

— *Dix-huitième Siècle*, lettres, sciences et arts . . . . 1 vol.

— *Directoire, Consulat, Empire*, mœurs, lettres, sciences et arts. 1 vol.

Lessing : *Théâtre*. 3 vol. in-18, demi-rel. chagr., tr. jasp., au lieu de 15 fr., net . . . . 9 fr.

Martin (Henri) : *Histoire de France populaire* des origines à nos jours. 7 vol in-4°, bonne demi-rel., au lieu de 100 fr., net. . . . . 65 fr.

Molière : *Œuvres complètes*, avec notices sur chaque comédie, par Lokandu. 8 vol. in-16 (Collection Jannet-Picard), demi-reliure chagrin, au lieu de 20 fr., net. . . . . 15 fr.

— *Œuvres complètes*. 3 vol. in-8. Edition ornée du portrait de Molière, d'après Coypel et de 32 dessins de Moreau jeune. Relié élégamment, tête dorée, au lieu de 22 fr., net. . . 16 fr.

Mommsen : *Histoire romaine* (Nouv. édit.), 7 vol. in-18, belle rel. d.-chag., au lieu de 35 fr., net. . . . . . 25 fr.

Mottley : *La Révolution des Pays-Bas* (Nouvelle édit.), 6 vol, in-18, reliure d.-chag., au lieu de 30 fr., net. 25 fr.

Motteville : *Mémoires sur Anne d'Autriche et sa Cour.* 4 vol. in-18, demi-rel. chag., tr. jaspées, au lieu de 20 fr., net . . . . 12 fr.

Musset (ALFRED DE) : *Œuvres complètes.* 10 vol. in-8, ornés d'un portrait d'ALFRED DE MUSSET et de 28 dessins de BIDA, gravés sur acier, reliés magnifiquement, amateur, tête dorée, au lieu de 150 fr., net . . . . . 90 fr.

— *Œuvres complètes* (Edit. populaire), 1 vol. gr. in-8 de 800 pages, orné du portrait de l'auteur et de 28 dessins de BIDA, gravés sur acier, reliure amat., tête dorée, coins, au lieu de 28 francs, net . . . . 20 fr.

La *même édition*, avec 12 gravures, y compris le portrait, 1 vol. grand in-8 de 800 pages, belle rel., tête dorée, au lieu de 20 fr., net . . . . 15 fr.

Nisard : *Histoire de la Littérature française.* 4 vol. in-12 (JOUVET), reliure amateur, tête dorée, au lieu de 27 fr., net . . . . 20 fr.

Perrot et **Chipiez :** *Histoire de l'Art dans l'antiquité,* Egypte, Assyrie, Perse, Grèce, Etrurie, Rome.(Les 5 premiers volumes sont en vente). Le vol., d.-rel. chag., fers spéc. ou rel. d'amat., tr. dor., 37 fr., net . . . . . . 30 fr.

Le *même*, broché 30 fr., net. 24 fr.

Plutarque : *Vie des hommes illustrés.* 4 vol. in-18, demi-rel., tr. jaspées, au lieu de 15 fr., net . . . . 9 fr.

Rabelais : *Œuvres complètes,* avec notes et glossaire (JANNET PICARD). 7 vol. in-12 reliés en 4, au lieu de 15 fr., net . . . . 10 fr.

Reclus (E.) : *Nouvelle géographie universelle.* La terre et les hommes. 16 vol. in-4, avec de nombreuses cartes et gravures, etc.

Chaque vol. broché, au lieu de 30 fr., net . . . . 22 fr. 50

Relié, fers spéciaux ou reliure d'amateur, au lieu de 37 fr., net . . . 29 fr.

Regnault (ÉLIAS) : *Histoire de huit ans.* 3 vol. in-8, bonne demi-rel., au lieu de 25 fr., net . . . . 18 fr.

Retz (Cardinal) : *Mémoires.* 4 vol. in-18, demi-rel., tr. jaspées, au lieu de 20 fr., net . . . . 12 fr.

Saint-Marc de Girardin : *Cours de littérature dramatique.* 5 vol. in-12. Jolie rel. dem.-chagr., tête dor., au lieu de 35 fr., net. . . . . 25 fr.

Saint-Simon (DUC DE) : *Mémoires.* 22 vol. in-18, demi-rel. chagr., tr. jaspées, au lieu de 150 fr., net . . . . . 90 fr.

Sévigné (Mme DE) : *Mémoires.* 6 vol. in-18, demi-rel. chagr., tr. jaspées, au lieu de 30 fr., net. . . . . 18 fr.

Shakspeare : *Œuvres complètes.* (Trad. FRANÇOIS-VICTOR HUGO, avec une introduction de VICTOR HUGO). Seule édition complète, renfermant dans chaque volume une introduction, des notes et un appendice, 18 vol. rel. en 9, in-8 (PAGNERRE). Belle reliure, tr. jasp, au lieu de 125 fr., net.. . . . . 60 fr.

Le *même* ouvrage (édit. LEMERRE), sur beau pap. teinté. 17 vol. in-16 elzévir, avec 36 eaux-fortes de PILLE. Rel. magnifiquement, amateur, tête dorée, coins, 150 fr., net . . . . 90 fr.

Le *même* ouvrage (trad. BENJAMIN LAROCHE). 6 vol. in-18, dem.-rel. chag., tr. jaspées, au lieu de 30 fr., net 18 fr.

Schiller : *Œuvres,* traduction Ad. REGNIER. 8 vol. in-8, dem.-rel. chagr., tr. jasp. Bonne occasion, 70 fr., net. 50 fr.

Taine : *Littérature anglaise.* 5 vol. in-12, rel. d'amateur, au lieu de 30 fr., net . . . . 25 fr.

Tallemant des Réaux : *Historiettes, mémoires pour servir à l'histoire du XVe siècle.* 5 vol. in-18, avec portraits, rel. amat., tête dorée . . . . . 25 fr.

Thiers : *Histoire de la Révolution française.* 10 vol. in-8, pap. vélin glacé, orné de 35 gravures sur acier. Belle reliure, 80 fr., net. . . . . 60 fr.

Thiers (A.) : *Histoire du Consulat et de l'Empire.* 21 vol. in-8, illustrés de 75 belles gravures sur acier (JOUVET). Belle reliure demi-chagrin, 165 fr., net. . . . . 125 fr.

Thierry (AUGUSTIN) : *Œuvres.* 10 vol. in-18, demi-chagrin, au lieu de 40 fr., net. . . . . 30 fr.

Véron (Dr) : *Mémoires d'un bourgeois de Paris,* contenant : la fin de l'Empire, la Restauration, la Monarchie de Juillet et la République jusqu'au rétablissement de l'Empire. 5 vol. in-12, demi-chagr. . . . . 20 fr

Édition devenue très rare.

Voltaire : *Œuvres complètes.* Nouvelle édition avec notices, préfaces, variantes, table analytique. Les notes de tous les commentateurs, et des notes nouvelles. Conforme pour le texte à l'édition de Beuchot, enrichie des découvertes les plus récentes et mise au courant des travaux qui ont paru jusqu'à nos jours. Cette nouvelle édition des *Œuvres complètes de Voltaire,* publiée sous la direction de M. Louis Moland, a supplanté celle de Beuchot; c'est un travail remarquable et digne de l'érudition de notre temps. Edition imprimée sur grand papier de Hollande. 50 vol. in-8, rel. maroquin rouge fin, tête dorée, coins, au lieu de 1,000 fr., net. . . . 450 fr.

Weber (G.) : *Histoire* universelle depuis les temps les plus reculés jusqu'à nos jours. 13 vol. in-18, br., 60 fr., net. 30 fr.

GRAND CHOIX DE PAROISSIENS

En belles Éditions ornées de riches Reliures en maroquin plein
Avec grandes Remises.

NOTA. — Tous nos Paroissiens, Imitation de Jésus-Christ, Missels, Livres d'heures, etc., contiennent les Offices des dimanches et jours de fêtes, Chemins de croix, Prières, etc.

Le choix des éditions est soigneusement fait, les textes en sont revisés et revêtus de l'approbation supérieure ecclésiastique.

Nous ne donnons ci-dessous qu'un très petit aperçu de nos prix, mais nous possédons en magasin un très grand assortiment que nous pouvons fournir à notre clientèle avec la remise d'usage.

Les prix indiqués sur notre Catalogue sont ceux avec gardes en *chromo*. Il convient d'ajouter :

Pour gardes en soie sur dentelles intérieures, net. . . . . de 4 fr. à 6 fr.
Pour garnitures en métal, vieil argent, etc. (appliques, fermoirs ou pattes), net. . de 10 fr. à 20 fr.
Pour ornem. or sur les plats, exécutés aux petits fers, article riche et soigné, net. de 5 fr. à 15 fr.
Pour Chiffres et Couronnes argent de 0,02 cent. à 0,06 cent. hauteur, net . . . . de 8 fr. à 30 fr.

(Tous ces articles peuvent être fournis en argent, or ou nielle.)

(6) **Imitation de Jésus-Christ.** In-32, 512 pages.
Maroquin, tr. dor., 12 fr., net. **9 50**
— poli, 14 fr. 50, net. **11 50**

(3) **Paroissien romain.** In-32, 663 pages.
Maroquin plein, tr. dor., 6 fr., net. . . **4 75**
— poli, tr. dor., 8 fr. 50, net **6 75**

(7) **Heures de la Femme pieuse.** In-32, 576 p.
Maroquin plein, tr. dor., 8 fr., net. . . **6 50**
— poli, tr. dor., 10 fr., net. . **8 »**

(11) **Missel de N.-D. de France.** In-32, encadrem.
Maroquin plein, tr. dor., 18 fr. 50, net **15 »**
— poli, tr. dor., 20 fr. 50, net **16 25**

(13) **Paroissien romain.** Gros caractères, 852 p.
Maroquin plein, tr. dor., 22 fr. 50, net **18 »**
— poli, tr. dor., 26 fr., net. . . **20 75**

(14) **Paroissien romain.** In-16, 796 pages.
Maroquin plein, tr. dor., 11 fr., net. . **9 »**
— poli, tr. dor., 15 fr. 50, net **10 50**

(15) **Paroissien romain.** In-16, 512 pages.
Maroquin plein, tr. dor., 13 fr., net. . **10 50**
— poli, tr. dor., 15 fr., net. . . **12 »**

(23) **Imitation de Jésus-Christ,** par Mgr Darboy, gr. chromo.
D.-chagr., plats toile, tr. d., 14 fr., net **11 »**
Maroq. plein poli, tr. dor., 28 fr., net. **22 50**

(22) **Paroissien romain,** du Diocèse de Paris, In-32, 633 pages.
Maroquin plein, tr. dor., 12 fr. 50, net **10 »**
— poli, tr. dor., 14 fr. 50, net **11 50**

(18) **Paroissien romain,** Missel de Rome, édition Bijou, 512 pages.
Maroquin plein, tr. dor., 6 fr., net. . . **4 75**
— poli, tr. dor., 8 fr. 58, net. **6 75**

(27) **Paroissien romain.** In-16.
Maroquin poli, tr. dor., 24 fr., net. . . **19 50**
— — applique diagonale, 35 francs, net. . . . . **28 »**

(28) **Paroissien romain.** In-12.
Maroquin poli, tr. dor., 27 fr., net. . . **21 50**
— dor. sur les plats, 31 fr. 50. **25 »**

(») **Livre d'Heures du XIXe siècle,** contenant Messes de communion, de mariage, les Offices, etc. In-16 camaïeu, encadrement de couleur à chaque page, véritable chef-d'œuvre de typographie. Br. 50 fr., net. **40 »**
Maroquin poli, gardes soie, écrin.
88 fr., net. **70 50**
— du Levant, garniture argent niellé, gardes soie, écrin, 150 fr., net. . . **119 »**

AVIS. — Nous offrons à titre gracieux à tous nos clients le chiffre frappé en or sur le plat de tous nos Paroissiens. (Indiquer le numéro placé en tête du livre choisi.)

SPLENDIDES OUVRAGES DE LUXE
ILLUSTRATIONS DE GUSTAVE DORÉ

Balzac : *Contes drôlatiques.* 425 dessins. 1 joli vol. in-8, papier vélin, belle reliure d'amateur, au lieu de 18 fr., net. . . . . 11 fr.

Cervantès : *Don Quichotte de la Manche,* trad. Viardot, illustrée de 370 compositions. 2 vol. in-4, cartonnage spécial, au lieu de 55 fr., net. . . . 44 fr.

La Fontaine : *Fables,* ill. de 80 compositions, 250 têtes de pages et 258 culs-de-lampe, 1 vol. gr. in-4, cart. toile, au lieu de 36 fr., net . . . . 30 fr.

Dante (ALIGHIERI) : *L'Enfer.* 1 vol. in-f°, illust. de 76 compositions, cart. richement. au lieu de 100 fr., net. . 80 fr.
— *Le Purgatoire et le Paradis,* ill. de 76 compositions. 1 vol. in-f°, cartonné richement, au lieu de 100 fr., net, 80 fr.

Perrault : *Contes.* Splendide illustrée édition de 40 planches, cart. toile, au lieu de 25 fr., net. . . . . 19 fr

---

DICTIONNAIRES FRANÇAIS ET ENCYCLOPÉDIES

Belèze : Dictionnaire universel de la Vie pratique à la Ville et à la Campagne, contenant les Notions d'utilité générale et renseignements usuels journaliers. 1 vol. gr. in-8, broché, 21 fr., net. 16 fr.
Demi-rel. chag., pl. toile, 26 fr., net. . . . . 20 fr.

Bitard : Dictionnaire de Biographie contemporaine française et étrangère, contenant les noms, prénoms, pseudonymes de tous les personnages célèbres du temps présent. 1 vol. in-8 de 1,208 p., relié demi-basane, 25 fr., net. . . 9 fr.

Bosc : Dictionnaire général de l'Archéologie et des Antiquités chez les divers peuples. 1 vol. in-8, illustré de 400 gr., rel. amateur, tête dor., 13 fr., net. 10 fr.
— Dictionnaire raisonné d'Architecture, des Sciences et des Arts qui s'y rattachent. 4 vol. gr. in-8, ill. de 2,000 gr., rel. amateur, 160 fr., net. . . 100 fr.

Descubes : Nouveau Dictionnaire d'histoire et de géographie. 2 forts vol. gr. in-8, br., 25 fr., net. . . . . 18 fr. 75
Rel., 35 fr., net. . . . . . . 25 fr.

Dictionnaire de l'Académie française (7e édition, 1878). 2 forts vol. in-4, demi-rel. chag., pl. toile, 46 fr., net. . . . . 35 fr.

Dupinay de Vorepierre : Dictionnaire français. 2 vol. gr. in-4, illustrés de 20,000 grav., reliés, 100 fr., net. 30 fr.

Guérard (E.) : Dictionnaire Encyclopédique d'Anecdotes modernes et anciennes. 2 vol. in-8, rel. amateur, tête dorée, 14 fr., net. . . . . 10 fr.

Labarthe : Dictionnaire populaire de Médecine, usuelle d'Hygiène publique et privée. 2 forts vol. grand in-8, illustrés, brochés, 25 fr., net . . . . . 20 fr.
Rel. demi-chag., pl. toile, 35 fr., net. . . . . 28 fr.

Laboulaye (CH.) : Dictionnaire des Arts et Manufactures. 4 vol. in-4 à 2 col., ill. de 5,000 grav., rel. pl. toile, 120 fr., net. . . . . 90 fr.

Larousse (Pierre) : Grand Dictionnaire universel du XIXe siècle — Langue française. — Histoire. — Mythologie. — Biographie. — Sciences et Beaux-Arts, etc. 17 vol. in-4, reliure demi-chagrin, plats toile, 765 fr., net. 440 fr.

Littré (E.) : Dictionnaire de la Langue française. 5 vol. in-4, rel. demi-chagrin, plats toile, 136 fr., net. . . . . . 85 fr.
— Dictionnaire de la Langue française (Abrégé du Grand Dictionnaire). In-8 de 1,405 pages, demi-chagrin, plats toile, 17 fr., net. . . . . 13 fr.

Privat Deschanel et Focillon : Dictionnaire général des Sciences théoriques et appliquées. 2 vol. grand in-8, broché, demi-reliure chagr., plats toile, 40 fr., net. . . . . 32 fr.

Ramée : L'Architecture et la Construction pratiques mises à la portée des Gens du monde. 1 vol. in-8, broché, 6 fr., net . . . . 5 fr.
Reliure amateur, tête dorée, 10 fr., net . . . . 8 fr.

Risch (A.) : Dictionnaire des antiquités romaines et grecques, ouvrage illustré de 2,000 gravures. In-8, broché, 10 fr., net . . . . 8 fr.
Reliure amateur, tête dorée, 14 fr., net. . . . . 11 fr.

Smith : Dictionnaire de Biographie, Mythologie, Géographie, ill. de 1000 grav. 1 vol. in-8, broché, 10 fr., net. . 8 fr.
Reliure amateur, tête dorée, 14 fr., net. . . . . 11 fr.

Vapereau : Dictionnaire universel des Littératures, contenant des notices sur les écrivains de tous les temps et de tous les pays. 1 fort vol. gr. in-8, demi-rel. chagrin, plats toile, 35 fr., net. 28 fr.
— Dictionnaire universel des Contemporains, contenant toutes les personnes notables de la France et de l'étranger. 1 fort vol. gr. in-8, demi-chagrin, pl. toile, 35 fr., net. . . . . 28 fr.

Viollet-le-Duc : Dictionnaire raisonné du Mobilier français, ouvrage illustré de 2,024 gravures, de nombr. figures hors texte et de chromolithographies. 6 vol. in-8, bonne demi-rel., 350 fr., net. . . . . 250 fr.

PETITE BIBLIOTHÈQUE CHARPENTIER

FORMAT PETIT IN-32 DE POCHE

Chaque volume est orné de deux eaux-fortes.

Broché, au lieu de. . . . . . 4 fr. » net 3 fr. »
Reliure d'amateur, tête dor. 6 fr. 50, net 4 fr. 75
Reliure souple, tr. dor. . . . 6 fr. 50, net 4 fr. 75

About (ED.). — Tolla. . . . . . . 1 vol.
Chénier (ANDRÉ). — Poésies. . . 1 vol.
Daudet (ALPHONSE). — Contes
   choisis. . . . . 1 vol.
Fabre (FERDINAND). — L'abbé
   Tigrane. . . . . 1 vol.
— Julien Savignac . . . . . . 1 vol.
— Le Chevrier . . . . 1 vol.
Flammarion (CAMILLE). — La
   Pluralité des Mondes. . . . 1 vol.
Gautier (TH.). — Mademoiselle
   de Maupin. . . . . 2 vol.
— Fortunio. . . . . 1 vol.
— Les Jeunes France. . . . . 1 vol.
— Mademoiselle Dafné . . . . 1 vol.
— Emaux et Camées. . . . . 1 vol.
— Le Roman de la Momie. . . 1 vol.
Gœthe. — Werther . . . . . . 1 vol.
Goncourt (EDMOND et JULES). —
   Renée Mauperin . . . . . . 1 vol.
— Madame Gervaisais . . . . 1 vol.
Horace. — Odes. . . . . . . 1 vol.
Hugo (VICTOR). — Les Orientales. 1 vol.
— Les Feuilles d'automne . . 1 vol.
— Odes . . . . 1 vol.
— Ballades : chants du crépuscule. 1 vol.
— Chansons des rues et des bois. 1 vol.
— Les Châtiments . . . . . . 1 vol.
Leopardi. — Poésies . . . . . 1 vol.
Malot (HECTOR). — Une bonne
   Affaire . . . . 1 vol.
Maupassant. — Contes et Nou-
   velles . . . . 1 vol.
Mendès (CATULLE). — Contes
   choisis. . . . . 1 vol.

Michelet (JULES). — La Mon-
   tagne . . . . 1 vol.
— L'Amour. . . . . 1 vol.
— La Femme. . . . . 1 vol.
Musset (ALFRED DE). — Premières
   Poésies . . . . 1 vol.
— Poésies nouvelles . . . . . 1 vol.
— La Confession d'un Enfant du
   Siècle. . . . . 1 vol.
— Comédies et Proverbes . . 3 vol.
— Contes et Nouvelles . . . . 1 vol.
Musset (PAUL). — Lui et Elle. . 1 vol.
Nodier (CHARLES). — L'Ecrin d'un
   Conteur . . . . 1 vol.
Prévost (L'ABBÉ). — Histoire de
   Manon-Lescaut et du Cheva-
   lier des Grieux. . . . . . . 1 vol.
Retz (CARDINAL DE). — Pensées. 1 vol.
Saint-Germain. — Pour une
   Epingle. . . . . 1 vol.
Sandeau (JULES). — Le Docteur
   Herbeau. . . . . 1 vol.
— Mademoiselle de la Seiglière. 1 vol.
— La Chasse au Roman . . . 1 vol.
Silvio Pellico. — Mes Prisons. 1 vol.
Theuriet (A.). — Raymonde. . . 1 vol.
— Contes de la Forêt. . . . . 1 vol.
Vigny (ALFRED DE). — Cinq-Mars. 2 vol.
— Servitude et Grandeur mili-
   taire. . . . . 1 vol.
— Théâtre. . . . . 2 vol.
— Poésies complètes. . . . . 1 vol.
— Stello. . . . . 1 vol.
— Journal d'un Poète. . . . . 1 vol.
Virgile. — Les Bucoliques et les
   Géorgiques . . . . 1 vol.
Zola. — Contes à Ninon. . . . 1 vol.
— Nouveaux Contes à Ninon. 1 vol.
— Thérèse Raquin . . . . . . 1 vol.

E. LAMARQUE

A TRAVERS L'EXPOSITION

Promenades de deux Enfants au Champ de Mars et à l'Esplanade des Invalides.

Un splendide album in-4°, très jolies illustrations en couleurs, d'après les aquarelles
d'ADRIEN MARIE. Au lieu de **4** fr., net . . . . **2** fr.

BIBLIOTHÈQUE ILLUSTRÉE

COLLECTION MAME

Beaux et forts volumes in-4°, reliés toile, tranches dorées, plaques spéciales.
Chaque volume, au lieu de 8 fr. 50, net 5 fr. 75

Air et le monde aérien (L'), par Arthur Mangin. 200 gravures.

Artères du globe (Les), par Paul Bory. 175 gravures.

Aventures de Robinson Crusoé (Les), par Daniel de Foe. 89 gravures.

Châteaux historiques de France, par M. l'abbé J.-J. Bourassé. 32 grav.

Contes merveilleux, traduits de l'allemand de Hauff, par de Hessen. 93 gravures. (*Nouveauté.*)

Fabiola ou l'Eglise des catacombes, par S. Em. le cardinal Wiseman. 85 grav.

Femmes illustres de la France (Les), par Oscard Havard. 2e édit. 76 grav.

Forêts de la France (Les), par F. Depelchin. 100 gravures.

Histoire de France, par Émile Keller. 74 gravures.

Histoire des Jardins, par Arthur Mangin. 70 gravures.

Histoire de Paris et de ses monuments, par Eugène de la Gournerie. 54 gravures.

Histoire des Croisades, par MM. Michaud et Poujoulat. 53 gravures.

Hommes célèbres de la France (Les), par M. Dumas. 54 gravures.

Les Explorateurs de l'Afrique, par Paul Bory. 64 gravures.

Les grandes entreprises modernes, par Paul Bory. 179 gravures.

Mémoire d'un Romain, vie privée de l'ancienne Rome, par Paul Bory. 96 gravures.

Mystères de l'Océan (Les), par Arthur Mangin. 170 gravures.

Perdus dans la grande ville, par Méaulle. 38 gravures. (*Nouveauté.*)

Promenades en Italie. 42 gravures.

Tour du monde en famille (Le). Voyage de la famille Brassey dans son yacht *le Sunbeam*, raconté par la mère ; traduit de l'anglais par M. Richard Viot. 78 gravures.

Un hiver en Egypte, par M. E. Poitou. 32 gravures.

Un hiver au Cambodge, par M. Edgar Boulangier. 53 gravures.

Voyages et découvertes outre-mer au XIXe siècle, par Arthur Mangin. 24 gravures.

Voyage en Espagne, par M. E. Poitou. 169 gravures.

Voyage en France, par Mme A. Tastu. 91 gravures.

Vol. in-12, rel. toile, tranches dorées. Chaque vol., au lieu de 3 fr. 50, net. 1 fr. 90

Alhambra de Grenade (L'). Souvenirs et légendes, par W. Irving ; traduit de l'anglais par M. Richard Viot. 31 grav.

Antiquaire (L'), de Walter Scott. 24 gravures.

Bonnes Gens (Les), par Mme Marie-Félicie Testas. 15 grav.

Caravane de la Mort (La). Souvenirs de voyage, par Karl May ; traduit de l'allemand par J. de Rochay. 15 gravures.

Cœur-Loyal, par Marie Guerrier de Haupt. 10 gravures.

Dernier des Mohicans (Le), de Fenimore Coopper. 24 gravures.

Fabiola, ou l'Eglise des catacombes, par S. Em. le cardinal Wiseman. Nombreuses gravures.

Germaine de Nanteuil, par Mlle Marguerite Levray. 15 gravures.

Jonchée de Fleurs (Une), par Mme Marie-Félicie Testas. 21 gravures.

Lac Ontario (Le), de Fenimore Coopper. 24 gravures.

Maison mystérieuse (Une) à Stamboul, par Carl May ; traduit de l'allemand par J. de Rochay. 15 gravures.

Ménétrier de la République (Le), par A. Schirmer ; traduit de l'allemand par J. de Rochay. 15 gravures.

Mes Aventures et mes voyages dans l'Asie centrale, par Arminius Vámbéry. 20 gravures.

Nièce du docteur (La), par Adam de l'Isle. 30 gravures.

Pilote (Le), de Fenimore Coopper. 24 gravures.

Pirates de la mer Rouge (Les). Souvenirs de voyage, par Karl May ; traduit de l'allemand par J. de Rochay. 15 grav.

Prairie (La), de Fenimore Cooper. 24 gravures.

Quentin Durward, de Walter Scott. 24 gravures.

Roi des Requins (Le), par Karl May ; traduit de l'allemand par J. de Rochay. 15 gravures.

Tyran du village (Le). Mœurs de l'Italie régénérée, par Ouida : traduit de l'anglais par Victor Derély. 15 gravures.

Vif-Argent, par Mme de Stoltz. 21 grav.

Visite au pays du diable (Une). Souvenirs de voyage, par Karl May ; traduit de l'allemand par J. de Rochay. 15 gravures.

Waverley, de Walter Scott. 24 grav.

BIBLIOTHÈQUE DES FAMILLES

Vol. gr. in-8°. Chaque vol. rel. toile, plaque spéciale, tranches dorées.
Nombreuses illustrations. Au lieu de 4 fr., net. 2 fr. 90

Antiquaire (L'), de Walter Scott. 24 gravures.

A travers le Tyrol, par J. Gourdault. 63 gravures.

A travers le Zanguebar, par les PP. Baur et Leroy. 45 gravures.

Aventures de Robinson Crusoé (Les), par Daniel Foë. 1 vol.

Blanche de Castille, par Jules-Stanislas Doinel. 15 gravures.

Castel-Blair. Histoire d'une famille irlandaise, par Flora-Shaw, traduit de l'anglais par A. Chevalier. 23 grav.

Chasses dans l'Amérique du Nord (Les), par B.-H. Révoil. 56 gravures.

Cratère (Le), de Fenimore Cooper, 24 gravures.

Dernier des Mohicans (Le), de Fenimore Cooper, 24 gravures.

Espion (L'), de Fenimore Cooper. 24 gravures.

Fabiola, ou l'Eglise des Catacombes, par S. E. le cardinal Wiseman. 50 grav.

France coloniale (La), par A. M. G. 93 grav., 24 cartes.

Géant et l'Oiseau (Le), par Eugène Muller, ill. de Giacomelli. 1 vol.

Héros du Travail (Les), par Gaston Tissandier. 1 vol.

Histoire de mes ascensions, par Gaston Tissandier. 1 vol.

Histoire naturelle de Buffon et Lacépède. 184 gravures.

Irlande (L'), par E. Ganneron. 38 grav.

Jeanne d'Arc, par Marius Sepet. 13 g.

Lac Ontario (Le), de Fenimore Cooper. 24 gravures.

Martyrs de la Science (Les), par Gaston Tissandier. 1 vol.

Naufrage de la Jeannette (Le), raconté par les membres de l'Expédition. 1 vol.

Orpheline des Fauchettes (L'), suivi de l'Oncle Jacques, par Marguerite Lévray. 25 gravures.

Pilote (Le), de Fenimore Cooper. 24 grav.

Pirates de la mer Rouge (Les). Souvenirs de voyage, par Paul May. 23 gravures (nouveauté).

Prairie (La), de Fenimore Cooper. 24 gr.

Quentin Durward, de Walter Scott. 24 gravures.

Royaume de l'Eléphant blanc (Le). Quatorze mois au pays et à la cour du roi de Siam, par Charles Book; traduction par A. Tissot. 30 gravures.

Saint Louis, son gouvernement et sa politique, par Lecoy de la Marche. 29 gravures.

Trois Carnot (Les). (Histoire de Cent Ans), par Maurice Dreyfous, 1 vol.

Tueur de daims (Le), de Fenimore Cooper. 24 gravures.

Un tour en Suisse, par Jacques Duverney. 46 gravures.

Voyages d'une famille à travers la Méditerranée, racontés par Lady Brassey. 1 vol.

ÉMILE DESBEAUX

ŒUVRES COURONNÉES PAR L'ACADÉMIE FRANÇAISE

Chaque ouvrage forme un volume in-4° imprimé sur beau papier, est illustré de nombreuses gravures par les principaux artistes, avec un beau cartonnage en toile anglaise, fers spéciaux, tr. dorées (Ducrocq, éditeur).

Au lieu de 10 fr., net 8 fr.

Le Jardin de Mademoiselle Jeanne.

Les Idées de Mademoiselle Marianne.

Les Pourquoi de Mademoiselle Suzanne.

Les Parce que de Mademoiselle Suzanne.

Les Découvertes de Monsieur Jean.

Les Projets de Mademoiselle Marcelle et Les étonnements de Monsieur Robert.

La Maison de Mademoiselle Nicole.

Le Secret de Mademoiselle Marthe.

L'Aventure de Paul Solange.

MONOGRAPHIES DES MAITRES DE L'ART

L'Œuvre complète de Rembrandt, décrit et commenté par Charles Blanc, catalogue raisonné de toutes les estampes du maître, avec leur reproduction en fac similé, 350 pièces. 1 vol. in-folio et deux albums.
Au lieu de **500 fr.**, net . . . . **400** fr.

L'Œuvre de Barye, par Roger Ballu. 1 beau vol. in-folio, ill. de 24 grandes planches hors texte en héliogravure et 60 dessins dans le texte.
Au lieu de **100** fr., net . . . . **80** fr.

Titien, par Georges Lafenestre. 1 beau vol. in-folio, ill. de 25 grandes planches et 100 gravures dans le texte, reproduisant les tableaux du Titien et ses principaux dessins.
Au lieu de **100** fr., net . . . . **80** fr.

Hans Holbein, par Paul Mantz. Magnifique vol. in-folio, 27 planches à l'eau-forte, tirées hors texte, et 300 gravures dans le texte.
Au lieu de **100** fr., net . . . . **80** fr.

François Boucher, Lemoine et Natoire, par Paul Mantz. 1 vol. in-folio, 40 planches hors texte, 100 gravures dans le texte.
Au lieu de **100** fr., net . . . . **80** fr.

Antoine Van Dyck, sa vie et son œuvre. 1 vol. in-folio, 100 gravures dans le texte et 30 grandes planches hors texte.
Au lieu de **100** fr., net . . . . **80** fr.

La Vie et l'Œuvre de Jean de Bologne, par Abel Desjardins. 1 vol. in-folio, 80 gravures hors texte ou dans le texte.
Au lieu de **100** fr., net . . . . **80** fr.

BIBLIOTHÈQUE DE LA NATURE

PUBLIÉE SOUS LA DIRECTION

De M. Gaston TISSANDIER

Chaque ouvrage forme un volume grand in-8, avec nombreuses figures.

Broché, au lieu de . . . . . . **7 fr. 50**, net **6** fr.
Relié toile. tr. dor., au lieu de **10 fr. ▸** net **8** fr.

Récréations scientifiques, par Tissandier.

Applications de l'électricité, par Hospitalier.

L'Électricité dans la maison, par Hospitalier.

Les Hommes phénomènes, par Guyot-Daubés.

La Vie au fond des mers, par Filhol.

L'Art militaire et la science, par Hennebert.

Les Voies ferrées, par Bacle.

Les nouvelles Routes du globe, par Maxime Hélène.

Les Races sauvages, par Bertillon.

Océan aérien, par Tissandier.

Les Origines de la science et ses premières applications, par de Rochas.

L'Éclairage dans la ville et dans la maison, par Ph. Delahaye.

Six mois aux États-Unis, par Tissandier.

La Photographie moderne, par Albert Londe.

Mœurs et Monuments des peuples préhistoriques, par le Marquis de Nadaillac.

OUVRAGES SUR L'ENSEIGNEMENT PRATIQUE DES BEAUX-ARTS

(COLLECTION LAURENS)

Allongé : *Le Fusain.* In-8, au lieu de 1 fr. 50, net. . . . . 1 fr. 20

Blanc (CHARLES) : *Grammaire des arts et du dessin, architecture, sculpture, peinture, eaux-fortes,* etc. 1 fort vol. grand in-8, ill. de 300 gravures, au lieu de 20 fr., net. . . . . 16 fr.
Belle rel. d'amateur, 28 fr., net. 22 fr.

— *Grammaire des arts décoratifs, décoration intérieure de la maison.* 1 vol. grand in-8, ill. de 160 gravures et 11 chromos, au lieu de 30 fr., net. 24 fr.
Rel. d'amateur, tête dorée, coins, 38 fr., net . . . . 30 fr.

Champaux (A. de) : *Histoire de la peinture décorative.* 1 vol. in-8, ill. de 70 gravures, au lieu de 15 fr., net. 12 fr.

Ris-Paquot : *Le Peintre céramiste amateur, ou l'art d'imiter les faïences anciennes.* 1 vol. in-8, ill. de nombreuses planches en couleurs, au lieu de 25 fr., net. . . . . 20 fr.

— *Guide pratique du peintre émailleur.* 1 vol. in-18 (chromos, etc.), au lieu de 12 fr., net. . . . . 9 fr. 75

— *Guide pratique du restaurateur amateur de tableaux, gravures, dessins, reliures, livres,* etc. 1 vol. in-8, ill., au lieu de 10 fr., net. . . . . 8 fr.

— *Manière de restaurer soi-même les faïences, porcelaines, marbres,* etc.
1 vol. in-8, ill. de chromos, au lieu de 7 fr., net. . . . . 5 fr. 75

— *L'Art de bâtir, meubler et entretenir sa maison.* 1 fort vol. in-8, 243 grav. explicatives, au lieu de 6 fr., net. 4 fr. 80

Karl-Robert : *Album de fusains.* 15 fusains modèles, grand in-4°, cartonnage élégant, au lieu de 6 fr., net. . 4 fr. 75

— *Le Pastel.* Traité pratique et complet, figure, portrait, paysage, nature morte. 1 vol. in-8, avec grav. explicatives, au lieu de 6 fr., net. . . . . 4 fr. 75

— *Traité pratique de peinture à l'huile (paysage).* 1 vol. in-8, au lieu de 4 fr., net. . . . . 2 fr. 50

— *L'Aquarelle, figure, portrait genre.* 1 vol. in-8, ill. de 40 gravures, au lieu de 6 fr., net. . . . . 4 fr. 75

— *L'Aquarelle (paysage).* 1 vol. in-8, planches en noir et chromos, au lieu de 6 fr., net. . . . . 4 fr. 75

— *Le Fusain sans maître.* Traité pratique et complet sur l'étude du paysage, d'après ALLONGÉ, APPIAN, LALANNE, etc. 1 vol. in-8, 60 gravures, au lieu de 6 fr., net. . . . . 4 fr. 75

Libonis (L.) : *Croquis d'après les maîtres, pour servir de modèles aux travaux artistiques.* Album in-8, cartonné, contenant plus de 100 sujets, au lieu de 6 fr., net. . . . . 4 fr. 75

L'ART DU XVIIIe SIÈCLE

Par EDMOND & JULES DE GONCOURT

Watteau, Chardin, Boucher, Greuze, Gravelot, Cochin, Moreau, Proudhon, etc.
2 magnifiques vol. contenant 70 pl. hors texte.

Broché, au lieu de 160 fr., net. . . . . 125 fr.
Rel. cartonnage artistique. . . . . 150 fr.

BIBLIOTHÈQUE DE BÉBÉ

Grands Albums in-4°, nombreuses illustrations coloriées, cartonnage élégant,
Couverture chromo, toutes les figures coloriées.
Au lieu de 5 fr., net. . . . . 3 fr. 90
Reliure à biseau, toile rouge, plaque, tranches dorées, 8 fr., net. 6 fr.

Bébé saura bientôt lire, grand alphabet-album, ill. de 181 gravures coloriées. . . . . 1 vol.

Bébé sait lire, contes, historiettes enfantines, servant d'exercices de lecture, nombreuses ill. . . . . 1 vol.

La Ménagerie de Bébé nouvel album - alphabet, nombreuses ill. d'animaux. . . . . 1 vol.

Bébé devient savant, lectures amusantes et instructives sur les premières connaissances. . . . . 1 vol.

L'Éducation de Bébé, mademoiselle Jeanne corrigées de ses petits défauts. . . . . 1 vol.

Les Etrennes de Bébé. . . . . . 1 vol.

La Poupée de Bébé, aventures merveilleuses d'une poupée qui parle. . . . . 1 vol.

Les Mille et Une Nuits racontées à Bébé. . . . . 1 vol

Les Fables de La Fontaine, pour Bébé. . . . . 1 vol.

Les Récréations de Bébé. Ill. d'après les aquarelles de MAUREL. . . . . 1 vol.

Les Contes des fées, offerts à Bébé. . . . . 1 vol.

Bébé en voyage, excursions de Monsieur Maurice. . . . . 1 vol.

ALPHABETS

Nouvel Alphabet, instructif et pittoresque, ou premier livre des enfants. Ill. de 100 vignettes, cart., couverture chromo, net. . . . . 2 fr.

Les gros animaux, nouvel alphabet du premier âge. Nombreuses vignettes d'animaux de grande dimension, cart., couverture chromo, net. . . . . . 2 fr.

Alphabet des métiers, livre d'images pour les petits enfants. Ill., cart. couverture chromo, net. . . . . . . 1 fr.

Alphabet des animaux. 90 vignettes, cart., chromo, net. . . . . 1 fr.

ALBUMS TOPFFER

Chaque album forme un grand volume in-8 oblong, relié.

Rel. toile, plaque spéc., 10.50, net 8.50.

Monsieur Jabot. . . . . 1 vol.

Monsieur Vieux-Bois. . . . . . 1 vol.

Monsieur Crépin. . . . . 1 vol.

Histoire de Monsieur Cryptogame. . . . . 1 vol.

Monsieur Pencil. . . . . 1 vol.

Le Docteur Festus. . . . . 1 vol.

Albert. . . . . 1 vol.

FIGARO ILLUSTRÉ

1888-1889

Magnifique publication, ill. de nombreux dessins dans le texte et hors texte,
chromolithographies et planches en couleurs.

Au lieu de 3 fr. 50, net. . . . . 1 fr. 75

OCCASIONS EXCEPTIONNELLES

Aventures de Robinson Crusoé. 24 gravures sur bois, d'après GIRARDET (édit. Mame). 1 beau vol. in-12, demi-rel. chag., plats toile, tr., dorées.
Au lieu de **6** fr., net. **2 75**

Le Robinson Suisse. 12 gravures sur bois, d'après GIRARDET. 1 beau vol. in-12. demi-rel. chag. plats toile tr. dorées (édit. Mame).
Au lieu de **6** fr., net. **2 75**

Le Pilote Willis. 24 gravures, d'après GIRARDET. 1 vol. in-12, demi-rel. chag. plats toile, tr. dorées (édit. Mame).
Au lieu de **6** fr., net. **2 75**

Fournel (VICTOR) : *Le Vieux Paris*, fêtes, jeux et spectacles. 1 beau vol. petit in-4°, orné de 165 gravures dans le texte et hors texte, richement relié en percaline, ornements en noir et or, tr. dorées.
Au lieu de **20** fr., net. . . . . **12** fr.

Levallois (JULES) : *Les Maîtres Italiens en Italie*, 92 gravures dans le texte et hors texte, 1 vol. petit in-4°, relié en percaline, ornements en noir et or, tr. dorées.
Au lieu de **20** fr., net. . . . . **12** fr.

Garnier (ÉDOUARD) : *Histoire de la Verrerie et de l'Émaillerie*, 119 gravures et 4 chromolithographies. 1 beau vol. petit in-4°, richement relié, plaque spéciale, tr. dorées.
Au lieu de **20** fr., net. . . . . **12** fr.

Guiffry (JULES) : *Histoire de la Tapisserie*, depuis le moyen âge jusqu'à nos jours, 113 gravures et 4 chromolitographies. 1 vol. petit in-4°, relié plaque spéciale, tr. dorées.
Au lieu de **20** fr., net. . . . . **12** fr.

SPIRRE BLONDEL

GRAMMAIRE DE LA CURIOSITÉ
(L'ART INTIME ET LE GOUT EN FRANCE)

Ouvrage splendidement illustré de 190 gravures et 25 planches hors texte, traitant les Marbres et Terres cuites, Bronzes d'art et d'ameublement, Pastels, Aquarelles, Orfèvrerie, Bijoux, Cuirs, Reliures, Nettoyage, Restauration et Conservation des Objets d'art.
Un beau volume grand in-4°, reliure plaque spéciale.
Au lieu de **30** fr., net. **12** fr. **50**

Ce livre est un guide sûr et une source de connaissances indispensables aux amateurs et aux gens du monde.

Michelet (JULES) : *Histoire de France*. 19 volumes in-18, rel. d'amateur, tête dorée.
Au lieu de **110** fr., net. . . . . **55** fr.

— *Histoire de la Révolution Française*. 9 vol. in-18, rel. d'amateur, tête dorée.
Au lieu de **50** fr., net. . . . . **27** fr.

Musset (ALFRED DE) : *Œuvres complètes*, suivies de la biographie d'ALFRED DE MUSSET, nouvelle édit. d'amat., ornée d'eaux-fortes. 11 beaux vol. in-8 écu, papier vergé, titre en coul., belle reliure amateur.
Au lieu de **130** fr., net. . . . . **65** fr.

Ujfalvy-Bourdon : *De Paris à Samarkan et la Sibérie occidentale.* 1 beau vol. in-4, illustré de 273 gravures et 5 cartes, reliure fers spéciaux.

Au lieu de **65** fr., net . . . . **20** fr.

Gourdault (JULES) : *L'Italie.* Illustrée de 450 gravures sur bois, par nos meilleurs artistes (Paris, Hachette, 1877). 1 fort vol. gr. in-4°, br.

Au lieu de **65** fr., net. . . . . **21** fr.

Adrien (MARIE) : *Une journée d'enfant,* magnifique album de 75 sujets variés, imprimé en couleur. 1 vol. in-4, cart.

Au lieu de **6** fr., net. . . . . **1** fr. **75**

Cent dessins de Maîtres, contenant 100 dessins imprimés sur papier teinté, d'après PAUL BEAUDRY, DE BEAUMONT, DETAILLE, DE NEUVILLE, DUEZ, J.-P. LAURENS, G. DORÉ, etc , 1 magnifique vol. in-8, cartonnage artistique.

Au lieu de **10** fr., net. . . . . **3** fr. **50**

Superbe occasion d'un livre illustré par nos plus grands artistes.

Gourdault (JULES) : *La Suisse.* Études et voyages à travers les 22 cantons. Ouvrage illust. de 750 grav. sur bois (Paris, Hachette, 1880). 2 beaux et forts vol. in-4, br.

Au lieu de **130** fr., net. . . . . **42** fr.

Garnier (EDOUARD) : *Histoire de la Céramique,* poteries, faïences et porcelaines, splendide vol. ill. de nombreuses gravures sur bois et de 4 magnifiques chromos. 1 vol. in-8, rel. plaque, tr. dorée.

Au lieu de **25** fr., net. . . . . **5** fr.

Dupaigne (ALBERT) : *Les Montagnes* (ouvrage couronné par l'académie). 1 beau vol. in-8, ill. de nombreux dessins et 7 cartes en couleur, rel. plaque, tr. dorées.

Au lieu de **15** fr., net. . . . . **5** fr.

Le Conte de l'Archer par (A. SILVESTRE) : *Chroniques du temps passé.* 1 beau vol. in-8, splendidement ill. de nombreux sujets en couleurs et en bistre (collection Lahure), magnifique exemplaire sur Japon.

Au lieu de **100** fr., net. . . . . **40** fr.

Suite des gravures pour le CONTE DE L'ARCHER. 1 vol., net. . . . . **40** fr.

Vaux (Baron de) : *Les Duels Célèbres,* 1 beau vol. in-8, imprimé sur papier de Hollande, nombreux portraits, hors texte.

Au lieu de **20** fr., net. . . . . **10** fr.

Les grands peintres français et étrangers, splendide ouvrage, grand in-4°, ill. de 50 dessins dans le texte, 15 sujets en photographure, etc., etc., 8 parties en carton.

Au lieu de **320** fr., net. . . . . **160** fr.

Cet ouvrage est complètement épuisé. Il est appelé ainsi que par les aquarellistes français à devenir très rare.

La Fontaine : *Contes et nouvelles en vers,* ornés des Estampes de Fragonard (réimpression de Didot, 1795). Paris Lemonnyer, 1882, 2 vol. in-4°, br.

Au lieu de **150** fr., net. . . . . **70** fr.

Dessins de fer et Bronze du XV° et XVI° siècles. 23 splendides planches contenant de nombreux sujets et renfermés dans un élégant carton, net. . . . . **7** fr.

BIBLIOTHÈQUE D'HISTOIRE ET D'ART

Chaque vol. in-18 ill., br., **3 fr. 50**, net. **2 fr. 75**. Cart. toile, **4 fr. 50**, net. **3 fr. 75**

Peinture (La), par CHARLES BLANC, 80 gr., 1 vol.

Sculpture (La), par CHARLES BLANC, 108 gr., 1 vol.

Monuments de Paris (Les), par CHAMPEAUX, 46 gr., 1 vol.

Statues de Paris (Les), par PAUL MARMOTTAN, 35 gr., 1 vol.

L'art pendant la Révolution, par SPIRE BLONDEL, 48 gr., 1 vol.

Histoire de la Peinture Militaire, par ARSÈNE ALEXANDRE, 71 gr., 1 vol.

Versailles et les Trianons, par PAUL BOSQ, 45 gr., 1 vol.

Palais Nationaux (Les), par TARSOT et CHARLOT, 45 gr., 1 vol.

CHARLES BLANC

HISTOIRE DES PEINTRES DE TOUTES LES ÉCOLES

14 vol. in-4° jésus, 3,000 gravures, au lieu de **600 fr.**, net. . . . . **230 fr.**

(Exemplaire en grand papier.)

Blanc (CHARLES). *L'art dans la parure et dans le vétement*, ouvrage ill. de 233 gr., couverture aquarelle de Fraipont, 1 vol. grand in-8°, br., 10 fr. net . . . . **8 fr.**
Rel. fers spéciaux. 14 fr., net. **11 25**

Henry de Parville. *La clef de la Science*, explication des phénomènes de tous les jours. 1 vol. in-8°, ill. de 250 gravures.
Broché 10 fr., net . . . . . . **8 fr.**
Rel. toile 14 fr., net. **11 25**

LES FLEUVES DE FRANCE
LOUIS BARRON

Garonne (La), 1 vol. in-8°, ill. de 151 par CHAPON.
Seine (La), 1 vol. in-8°, ill. de 160 gr.
Loire (La), 1 vol. in-8°, ill. de 135 gr.
Chaque vol. br., au lieu de 10 fr, net. **8 fr.**
Rel., toile plaque, 13 fr., net. . . **10 50**
Amateur, 15 fr., net. . . . . . . **12 fr.**

PERROT ET CHIPIEZ

HISTOIRE DE L'ART DANS L'ANTIQUITÉ

Ouvrage splendidement illustré de planches en noir et en couleur. Tomes I à IV. Edition sur papier Wathman. Au lieu de **320 fr.**, net. . . . **150 fr.**

HENRY HAVARD

DICTIONNAIRE DE L'AMEUBLEMENT ET DE LA DÉCORATION

DEPUIS LE XIII° SIÈCLE JUSQU'A NOS JOURS

4 magnifiques volumes in-4° de 600 pages chaque, contenant 3,000 gravures dans le texte et 250 planches hors texte en chromolithographie.
Au lieu de 220 fr., net. **160 fr.**

BIBLIOTHÈQUE DE L'ENSEIGNEMENT DES BEAUX-ARTS

Publiée sous le Patronage de l'Administration des Beaux-Arts.

Chaque volume format in-4° anglais est imprimé avec luxe sur papier teinté.
Il contient environ 400 pages illustrées de 100 à 200 gravures inédites.
Prix : broché, au lieu de . . . . . 3 fr. 50, net. 2 fr. 75
Cartonnage artistique, au lieu de 4 fr. 50, net. 3 fr. 50

Anatomie artistique (L'), par M. MA-THIAS DUVAL, membre de l'Académie de médecine, professeur d'anatomie à l'École des Beaux-Arts et à la Faculté de Médecine.

Archéologie égyptienne (L'), par M. MASPERO, membre de l'Institut, professeur au Collège de France.

Archéologie étrusque et romaine (L'), par M. MARTHA, ancien membre de l'Ecole française d'Athènes, maître de conférences à la Faculté des Lettres de Paris.

Archéologie grecque (L'), par M. MAX. COLLIGNON, ancien membre de l'Ecole française d'Athènes, professeur d'archéologie à la Faculté des Lettres de Paris.

Archéologie orientale (L'), par M. E. BABELON, bibliothécaire au département des Médailles Antiques de la Bibliothèque nationale.

Architecture romane (L'), par M. EDOUARD CORROYER, architecte du Gouvernement, inspecteur général des édifices diocésains.

Architecture grecque (L'), par M. V. LALOUX, architecte.

Armes (Les), par MAURICE MAINDRON.

Art byzantin (L'), par M. BAYET, ancien membre de l'Ecole française d'Athènes, professeur à la Faculté des Lettres et à l'Ecole nationale des Beaux-Arts de Lyon.

Art chinois (L'), par M. PALÉOLOGUE, secrétaire d'ambassade.

Art de la verrerie (L'), par M. GERSPACH, directeur de la Manufacture nationale des Gobelins.

Art héraldique, par M. H. GOURDON DE GENOUILLAC.

Art japonais (L'), par M. LOUIS GONSE, directeur de la *Gazette des Beaux-Arts*.

Broderie et Dentelles, par M. E. LEFÉBURE, fabricant de dentelles.

Composition décorative (La), par HENRY MAYEUX, architecte du Gouvernement, professeur d'art décoratif dans les Ecoles de la Ville de Paris.

Costume (Le), en France, par ARY RENAN.

Faïence (La), par M. DECK, céramiste, administrateur de la Manufacture de Sèvres.

Gravure (La), par M. le Vᵗᵉ H. DELABORDE, secrétaire perpétuel de l'Académie des Beaux-Arts.

Lexique des termes d'art, par M. JULES ADELINE.

Livre, l'Illustration, la Reliure (Le), par M. HENRI BOUCHOT, attaché au département des estampes de la Bibliothèque nationale.

Manuscrits et la Miniature (Les), par M. LECOY DE LA MARCHE, des Archives nationales.

Meuble (Le), t. I et II, par M. ALFRED DE CHAMPEAUX, inspecteur des Beaux-Arts à la Préfecture de la Seine.

Monnaies et Médailles, par M. F. LENORMANT, membre de l'Institut.

Mosaïque (La), par M. GERSPACH, directeur de la Manufacture des Gobelins.

Musique (La), par M. H. LAVOIX fils, administrateur de la Bibliothèque Sainte-Geneviève.

Mythologie figurée (La), par M. MAX COLLIGNON, ancien membre de l'école française d'Athènes, professeur d'archéologie à la Faculté des Lettres de Paris.

Peinture anglaise (La), par M. ERNEST CHESNEAU, ancien inspecteur des Beaux-Arts.

Peinture flamande (La), par M. A.-J. WAUTERS, *ouvrage couronné par l'Académie Royale de Belgique*.

Peinture hollandaise (La), par M. HENRY HAVARD, inspecteur des Beaux-Arts.

Peinture italienne (La), tome Iᵉʳ, par M. GEORGES LAFENESTRE, conservateur au Musée du Louvre.

Précis d'histoire de l'art, par M. BAYET, ancien membre de l'Ecole française d'Athènes, professeur à la Faculté des lettres et à l'Ecole nationale des Beaux-Arts de Lyon.

Procédés modernes de la Gravure (Les), par M. A. DE LOSTALOT, secrétaire de la rédaction de la *Gazette des Beaux-Arts*.

Sceaux (Les), par M. LECOY DE LA MARCHE, des Archives nationales.

Sculpture antique (La), par M. P. PARIS, ancien membre de l'Ecole française d'Athènes, maître de conférences à la Faculté des Lettres de Bordeaux.

Tapisserie (La), par M. E. MUNTZ, conservateur de la Bibliothèque, des Archives et du Musée à l'Ecole des Beaux-Arts.

BIBLIOTHÈQUE DES CHEFS-D'ŒUVRE DU ROMAN CONTEMPORAIN

Vigny (Alfred de) : *Cinq-Mars* ou une Conjuration sous Louis XIII. 2 vol. in-8, ill. de 13 planches à l'eau-forte, lettres ornées, culs-de-lampe. Prix brochés.
    Au lieu de **40** fr., net. . . . . **32** fr.

Dumas fils (Alexandre) : *La Dame aux Camélias*. Magnifique vol. in-4 carré. 30 entêtes de chapitres en héliogravure, 10 eaux-fortes hors texte, gravées par Champolion. Br.
    Au lieu de **50** fr., net. . . . . **40** fr.

Feuillet (Octave) : *Le Roman d'un jeune homme pauvre*. 1 vol. in-4, ill. de nombreux dessins de Mouchot. Br.
    Au lieu de **25** fr., net. . . . . **20** fr.

Lamartine (De) : *Raphaël*. 1 vol. in-4, ill. de 10 compositions de Sandoz, gravées par Champolion. Prix, dans une riche reliure.
    Au lieu de **30** fr., net. . . . . **24** fr.

Flaubert (Gustave) : *Madame Bovary*, 12 compositions de A. Tourie. 1 vol.
    Au lieu de **25** fr., net. . . . . **20** fr.

Feuillet (Octave) : *Monsieur de Camors*, 11 compositions par Rejchan. 1 vol.
    Au lieu de **25** fr., net. . . . . **20** fr.

Balzac (De) : *Le Père Goriot*, scènes de la vie parisienne, 10 compositions, par Lynch. 1 vol.
    Au lieu de **25** fr., net. . . . . **20** fr.

Sand (Georges) : *Mauprat*, 10 compositions, par J. Le Blant. 1 vol.
    Au lieu de **25** fr., net. . . . . **20** fr.

Goncourt (Edmond et Jules). *Germinie Lacerteux*, 10 compositions de eannio. 1 vol.
    Au lieu de **25** fr., net. . . . . **20** fr.

Claretie (Jules): *Monsieur le Ministre*. 10 compositions, par Adrien Marie. 1 vol.
    Au lieu de **25** fr., net. . . . . **20** fr.

Flaubert (Gustave). *Salambo*, 10 compositions de Poirson. 1 vol.
    Au lieu de **25** fr., net. . . . . **20** fr.

Lamartine (de). *Raphaël*, 10 compositions, par Sandoz. 1 vol.
    Au lieu de **25** fr., net. . . . . **20** fr.

Balzac (De). *La Cousine Bette*, 10 compositions de G. Cain. 1 vol.
    Au lieu de **25** fr., net. . . . . **20** fr.

Daudet (Alphonse). *Sapho*, mœurs parisiennes, par Rejchan. 1 vol.
    Au lieu de **25** fr., net. . . . . **20** fr.

Bernard (Charles). *Gerfaut*, 10 compositions, par Weisy. 1 vol.
    Au lieu de **25** fr., net. . . . . **20** fr.

Sand (Geoege). *La Mare au Diable*, 17 compositions, par Edmond Rudaux. 1 vol.
    Au lieu de **25** fr., net. . . . . **20** fr.

COLLECTION DE LA LIBRAIRIE D'ÉDUCATION DE LA JEUNESSE

Chaque volume grand in-4, rel. fers spéciaux, tr. dorées.
Au lieu de **12** fr., net. **9** fr. **75**

Gréville (HENRY). *L'Avenir d'Aline*, 20 compositions de LÉANDRE. (Nouveauté). 1 vol.

Brisay (HENRY). *Flamberge au Vent*, 150 dessins de JOB, 1 vol.

Mainard (LOUIS). *Droit au But*, 20 compositions de MONTADER. 1 vol.

Marthold (J. DE). *Histoire d'un Bonnet à poil*, 150 dessins de JOB. 1 vol.

Calmettes. *Simplette*, la lutte pour le devoir, 20 compositions de Ruff (Nouveauté). 1 vol.

— *Sœur aînée*, la lutte pour le devoir, 20 compositions. 1 vol.

— *Brave fille*, la lutte pour le devoir, 20 compositions. 1 vol.

Chaque volume grand in-8, rel. fers spéciaux, tr. dorées.
Au lieu de **4** fr., net. **3** fr. **25**

Herbier de Jeanne (L'), par Mme CHANTECLAIR, 50 dessins de LEROUX (Nouveauté). 1 vol.

Aventures de Marcel (Les), par ALBA, ill. par JOB et BEUZON (Nouveauté). 1 vol.

Petite Dompteuse (La), par ARMAND DUBARRY, ill. de noir (Nouveauté). 1 vol.

Histoire d'un homme de Bien, par ABEL RICHARD, ill. de KAUFFMANN (Nouveauté). 1 vol.

L'oncle Constantin, par Mme Nelly LIEUTER, ill. par LŒVY. 1 vol.

Servienne, par LÉON BARBACAND, ill. de KAUFFMANN. 1 vol.

Histoires de quadrupèdes, par un Bipède, ill. par JOB. 1 vol.

Aventures périlleuses de Narcisse Nicaise au Congo, par DUBARRY, ill. de KAUFFMANN. 1 vol.

Nos patriotes, par LÉO CLARETIE, ill. de KAUFFMANN. 1 vol.

COLLECTION DREYFOUS

Tissandier (GASTON) : *Souvenirs et Récits d'un aérostier militaire de l'armée de la Loire*, avec une lettre-préface du général Chanzy, ill. de dessins inédits de POIRSON (Nouveauté). 1 vol. in-8, rel. plaque, tr. dorées.
Au lieu de **12** fr., net . . . . **9** fr. **75**

Bonnefont (GASTON) : *Voyages en Zigzags de deux jeunes français en France*, 110 dessins de POIRSON. 1 vol. in-8, rel. plaque spéciale, tr. dorées.
Au lieu de **12** fr. net. . . . . **9** fr. **75**

Muller (EUGÈNE) : *Les Fêtes de Famille chez tous les Peuples*. 1 fort vol. ill. de 200 gravures, rel. plaque spéciale, tr. dorées.
Au lieu de **12** fr., net. . . . . **9** fr. **75**

Valtine (Mme MARIE-ALIX DE) : *Le Bonheur de Rose*. 1 vol. in-8, rel. plaque spéciale, tr. dorées, ill. de nombreuses gravures de JANEL.
Au lieu de **9** fr., net. . . . . **7** fr. **50**

— *Belle et Bonne*. Histoire d'une grande fillette, 100 gravures inédites de JANEL. 1 beau vol. in-8, rel. angle, fers spéciaux.
Au lieu de **9** fr., net. . . . . **7** fr. **50**

Bonnefont (GASTON) : *Les Jeux et les Récréations de la jeunesse*. 1 vol. gr. in-8, ill. de 130 dessins, rel. anglaise, tr. dorées.
Au lieu de **9** fr., net. . . . . **5** fr. **50**

OUVRAGES DE BIBLIOTHÈQUES
NEUFS ET D'OCCASION

Adam (M⁽ᵐᵉ⁾ Juliette Lamber) : *La Chanson des nouveaux époux*. Edit. ornée d'un portrait et de dix eaux-fortes. (Paris, Conquet, 1882). In-4° en carton, 150 fr., net . . . . 95 fr.

> Ouvrage superbe et papier du Japon. Epuisé. Rare.

Anacréon : *Recueil de compositions*, dessinées par Girodet et gravées par M. Chatillon, son élève, avec la traduction en prose des odes de ce poète, faite également par Girodet (Paris, 1825, Imp. Firmin Didot). In-4° maroq. plein rouge, filets sur les plats, genre Dusseuil, tr. dorées . . . . 150 fr.

> Bel exemplaire contenant 54 figures, aquarelles à la main.

Anthologiæ græca, cum versione latina hugonis Grotii, Edita ab Hieronimo de Bosch, 1795. 5 volumes in-4, rel. veau pl. . . . . 60 fr.

Les Arts somptuaires. Histoire du costume et de l'ameublement, texte de Louandre (Paris, 1858). 4 tomes dont 2 de texte et 2 de planches chromolithographiques en couleur, bonne demi-rel. chagr. rouge, tr. dor. . . . . 300 fr.

> Superbe exemplaire d'un ouvrage devenu rare.

Audsley et Boves : *La Céramique japonaise*, publié sous la direction de M. Racinet, traduction de P. Louisy. 40 pl. en couleur, 23 pl. en autotypie ou photolithographie, avec un texte français. 2 vol. in-f°, dem.-rel., dos et coins de maroquin vert, tête dor., non rogn. 600 fr., net . . . . 350 fr.

Bernis (Cardinal de) : *Œuvres*, collationnées sur les textes de la première éd. (Paris, Delangle, 1825). In-8° rel. pleine, maroq. violet, orné d'une superbe mosaïque de maroq. de couleurs variées, dans le genre grec. (Enogel) . . 100 fr.

> Magnifique exemplaire en papier vélin, contenant 5 portraits de l'auteur et une suite de gravures en couleurs.
> La reliure est fraîche et bien conservée.

Bibliographie des ouvrages relatifs à l'amour aux femmes, au mariage et des livres facétieux, pantagruéliques, Scatologiques, Satyniques, etc., par M. le C. D. I. (comte d'Ideville), Turin et Londres, Guy et fils, 1871. 5 vol. in-12, d.-rel., dos et coins de maroq. bleu, tête dor., n. rog. . . . . 70 fr.

Boileau : *Œuvres complètes* accompagnées de notes historiques et littéraires, et précédées d'une étude sur sa vie et ses ouvrages, par A.-Ch. Gidel (Paris, Garnier, 1873). 4 vol. gr. in-8, demi-rel. chagr. brun, filets, au lieu de 40 fr., net . . . . 25 fr.

> Bel exemplaire bien frais.

Bossuet : *Œuvres*, précédées des Eloges de Bossuet par Saint-Marc Girardin et Patin, de l'Académie française. (Paris, Didot, 1879). 4 beaux vol. gr. in-8, avec portrait, demi-rel., veau brun, dos orné. tr. jasp. . . . . 35 fr.

> Bel exemplaire.

Champollion (le J⁽ⁿᵉ⁾) : *Grammaire égyptienne*, ou principes généraux de l'écriture sacrée égyptienne appliquée à la représentation de la langue parlée. Petit in-f°, 75 fr., net . . . . 40 fr.

> Ouvrage publié par ordre du Gouvernement.

Champollion (le J⁽ⁿᵉ⁾) : *Dictionnaire égyptien* en écriture hyérogliphique. 1 vol. petit in-f°, 60 fr., net . . . . 35 fr.

Champollion (le J⁽ⁿᵉ⁾) *Notices descriptives des monuments de l'Egypte et de la Nubie*, conformés aux manuscrits autographes rédigés sur les lieux par l'auteur. 2 vol. petit in-f°, 19 fascicules, 237 fr. 50, net . . . . 125 fr.

Champollion (le J⁽ⁿᵉ⁾) : *Monument de l'Egypte et de la Nubie*, d'après les dessins exécutés par l'auteur sur les lieux, et les descriptions autographes qu'il a rédigées, renfermant 400 pl. en partie coloriées, publiées par ordre du gouvernement pour faire suite à l'expédition d'Egypte. 4 vol. gr. in-f°, cart. 500 fr. net . . . . 300 fr.

> Magnifique ouvrage.
> Pour le supplément, voir Prisse d'Avesnes.

Chansonnier historique du *XVIIIᵉ siècle*, recueil publié par Emile Raunié, archiviste-paléographe. (Paris, Quantin). 12 vol. in-18, br., au lieu de 300 fr., net . . . . 100 fr.

> Exemplaire sur papier Wathman avec double suite des gravures.
> Les 50 portraits forment une curieuse galerie historique du XVIIIᵉ siècle.
> C'est l'histoire en chansons de tout un siècle, écrite d'année en année et presque au jour le jour.
> Collection entièrement épuisée et rare.

Charton : *Le Tour du Monde*, collection bien complète, origine 1860 à 1889. 56 vol. in-4, rel. en 28 demi-rel. chag. r., tr. dorées, 825 fr., net. . . . 425 fr.

Rousseau (J.-J.). *Œuvres complètes*. avec les notes de tous les commentateurs (Paris, Dalibon, 1826). 25 vol. in-8, reliés demi-veau, plats frap., tr. marb. . . . . 55 fr.

Belle édition ornée de 42 vignettes gravées par nos plus célèbres artistes d'après les dessins de Dévéria.

Collection de 24 pièces, gravures en couleur du XVIII° siècle de Descamps, Blanchard, Thévenin, Desraix, Aubry, Agricolas, Canus, remontées légèrement sur bristol, in-f°, cart. toile pl., tr. rouges. . . . . 105 fr.

Bel exemplaire.

Collection de 25 pièces, dessins originaux à la mine de plomb ou à l'aquarelle et gravures du XVIII° siècle, en couleur, montées légèrement sur bristol, in-f°, cart. Bradel. . . . . . . 100 fr.

Bel exemplaire.

Corneille : *Polyeucte*, martyr, tragédie chrétienne en cinq actes (Mame 1889), In-f°, 100 fr. . . . . 60 fr.

Exemplaire à l'état de neuf, orné de superbes gravures.

Voltaire : *Œuvres complètes*, Édition Garnier. 52 vol. in-8, demi-rel. en maroquin rouge, tête dorée, non rog. Superbe exemplaire d'amateur en grand papier de Hollande. Véritable occasion, au lieu de 1,150 fr., net. . . . 450 fr.

Correspondance littéraire, philosophique et critique, par Grimm, Diderot, Raynal, Meister, etc.; avec notice, notes, table générale, par Maurice Tourneux (Paris, Garnier, 1878). 16 vol. in-8, d.-rel. chagrin rouge, tr. jaspées. . . . . 115 fr.

Belle occasion.

Costumes historiques de la France, d'après les monuments les plus authentiques, etc.., avec texte descriptif, par le bibliophile Jacob. (Paris, Administration de la Librairie, s. d.). 8 vol., fig. colorées. — *Histoire de la vie privée des français depuis les temps les plus reculés jusqu'à nos jours*, par le bibliophile Jacob (Paris, s. d.). 1 vol., portraits et figures sur acier. — *Recueil curieux de pièces originales sur le costume*, par le même (Paris, s. d.). 1 vol. Ens., 10 vol. grand in-8, d.-rel., dos et coins maroq. violet, dos orné, mosaïque, éb., tr. sup. dor., rel. sur brochure. . . . . 200 fr.

Bel exemplaire. Rare.

Daly (César) : *Motifs historiques d'architecture et de sculpture d'ornements*, pour la composition et la décoration extérieure des édifices publics et privés; choix de fragments empruntés aux monuments français du commencement de la Renaissance à la fin de Louis XVI (Paris, Morel, 1869). 2 vol. in-fol., demi-rel. chag. vert, dos et coins plats toile, 300 fr., net. 130 fr.

Bel exemplaire.

Desjardins : *Monographie de l'hôtel de ville de Lyon*, restauré sous l'administration de MM. Vaïsse et Chevreau, sénateurs, accompagnée d'un texte historique et descriptif (Paris, Morel, 1867, in-fol., demi-rel., dos et coins chagr., 160 fr., net. . . . . 60 fr.

D'Hozier : *Généalogie de la maison des Poussards*, justifiée par Chartes, Tiltres, Arrestz, Histoires et autres bonnes et certaines preuves, par le sieur D'Hozier, gentilhomme ordinaire de la maison du roy, faisant proffession de Cognoissance des maisons illustres de France. 1631, in-4° rel. pleine maroquin Lavallière, filets à la Dusseuil, dent. int., tr. dor. (Pierson). . . . . 3000 fr.

Très beau *manuscrit* de l'époque, sur parchemin, le titre est encadré d'une magnifique miniature sur fond rouge rehaussé d'or.

Ce superbe livre de 86 pages, d'une belle écriture est orné de nombreux blasons en miniatures et d'une carte également en miniature contenant les 16 cartiers ou lignes tant paternelles que maternelles (sic) de M. du Vigean, l'un des descendants direct de la souche des Poussards.

Cette famille, dont l'origine date de 1340, sous Philippe de Valois, tire son origine de la maison royale de France et la rend l'alliée de tous les rois et princes de la chrétienté.

Plusieurs noms illustres figurent dans ce manuscrit authentique. Nous n'en citerons que quelques-uns pris au hasard parmi ceux connus de nos jours : de Mortemar, Larochefoucauld, de Lansac, de Polignac, de Lignères, de Caumont, de Gontaut-Biron, de la Trémouille, de Liancourt, de Turenne, de Lancastre, etc., etc.

Véritable occasion à ce prix.

Fovillovx (Dv) : *La Venerie de Jacques dv Fovillovx,* seignevr dv dit liev, gentilhomme dv pays de Gastine en Poictou, par lui jadis dédiée av très chréstien roy Charles nevfiesme. (Paris, chez Abel L'Angelier, au premier pillier de la grande salle du Palais, 1606. In-8° rel. pl. maroq. roug. filets, dent. int. tr. dor.. . . . . 450 fr.

Bel exemplaire suivi de la chasse du loup, de la fauconnerie de Jean de Franchières, grand prieur d'Aquitaine, Paris, chez Abel, S. Angelier, 1607, et de celle de Messire Artelouche de Alagona, seigneur de Maurueques, conseiller et chambellan du Roy de Sicile.

L'Enfer de la mère Cardine traitant de la cruelle et terrible bataille qui fut aux enfers entre les diables et les maquerelles de Paris, aux noces du portier Cerberus et de Cardine, qu'elle vouloyent faire royne d'enfer ; et qui fut celle d'entr'elles qui ne donna le conseil de la trahyson, réimpresion de cette curieuse facétie sur l'édition de 1567. In-8° d.-rel. dos et coins maroq. roug. t. n. rog . . . . 40 fr.

Bel exemplaire d'un ouvrage tiré à quelques exemplaires.
Très rare.

Erasme : *Eloge de la folie,* traduit par Victor Develay et orné des dessins de Hans Holbein (Paris, librairie des bibliophiles, 1876). In.-8, d.-rel., dos et coins de maroq. citron, tête dor., n. rog. (Bertrand). . . . . 25 fr.

Bel exemplaire.

Evangile des dimanches et fêtes de l'année (Paris, Curmer, 1864). 3 vol. in-4, dont 2 entièrement chromo-lithog. en or et couleurs, et 1 d'annexes avec photographie et vignettes, maroquin plein brun, dos orné, dent. sur les plats et l'int., tr. dor. . . . . 400 fr.

Superbe exemplaire dans une boîte en chagrin noir, capitonnée de satin vert.

Eyriès (G.) et **Perret** : *Les châteaux historiques de la France,* accompagné d'eaux-fortes tirées à part et dans le texte et gravées par nos principaux aquafortistes, sous la direction de M. Eugène Sadoux (Paris, Oudin, 1879). 2 vol. gr. in-8, rel. demi-maroq., r., coins, tête dor., non rog. . . . 140 fr.

Exemplaire sur hollande, tiré à 100 exempl. (n° 5).

Fables choisies, tirées des métamorphoses d'Ovide, gravures de Bernard Picart et d'après Lebrun, texte par René Ménart (Paris, A. Lévy, 1878).

2 vol. gr. in-4, demi-rel. maroq. vert avec coins, tête dor., non rog. 120 fr.
Epuisé.

Fail (Noel du) : *Contes et discours d'Entrapel,* réimprimés par les soins de D. Jouaust, avec une notice des notes et un glossaire, par C. Hippeau (Paris, lib. des bibliophiles, 1875). 2 vol., demi-rel. dos et coins de maroq. rouge, tête dor., non rog. (Bertrand), 30 fr., net . . . . 20 fr.

Bel exemplaire de la collection des « Conteurs Français ».

Fénelon : Suite de 1 portrait et 23 jolies figures pour illustrer *les Aventures de Télémaque, fils d'Ulysse,* par Lefèvre, gravées par Delvaux, Godefroy, Simonet, Thomas et Trière, tirage sur papier vélin. . . . . 40 fr.

Feuillet (Octave) : *Le Roman d'un jeune homme pauvre,* collection C. Lévy (Paris, Quantin, 1888). In-8, br., couv. ill. en couleurs. . . . . . 75 fr.

Magnifique exemplaire sur japon, avec illustrations dans le texte et hors texte, de Mocchot, gravées par Méaulle. Epuisé.

— *Monsieur de Camors* (Paris, Quantin, 1885). Grand in-8, br., 100 fr., net. . . . . 60 fr.

Bel exemplaire sur grand papier du Japon.

Feuillet de Conches : *Louis XVI, Marie-Antoinette, Mme Elisabeth.* 6 vol.
— *Correspondance secrète de Mercy Argenteau.* 3 vol (Paris, Didot, 1874). Ensemble, 9 vol. in-8, demi-rel. chagr., tr. jaspées. . . . . 60 fr.

Flore médicale, décrite par MM. Chaumeton, Poiret, Chamberet, peinte par Mme E-P. et par M. J. Turpin (Paris, Panckoucke, 1833). 7 vol. in-8, d.-rel. chag., planches coloriées. . . 180 fr.

Bel exemplaire. Rare.

Les Français peints par eux-mêmes, encyclopédie morale du XIX° siècle (Paris, Curmer, 1841). 8 vol. gr. in-8, d.-rel. chag., plats pap. . . . . 100 fr.

Illustrations de Gavarni, etc., etc.

Froehner (W.) : *La Verrerie antique,* description de la collection Charvet (Le Pecq, 1879). In folio en carton. 250 fr.

Véritable rareté. Édition tirée à 125 exemplaires et contenant de très nombreuses planches en couleur et des illustrations dans le texte représentant la plus belle collection de verrerie antique qui ait été formée en France et dont le musée de New-York a offert à M. Charavay 1,500,000 francs.

Galathée, roman pastoral imité de Cervantès, par FLORIAN, édit. ornée de figure en couleur, d'après les dessins de MONSIAU (Paris, DÉFER DE MAISONNEUVE, 1793). In-4, maroq. grenat, dos orné, dents sur les plats, doublé de maroquin vert, dent. gardes-moire, éb., sup. dor. . . . . 120 fr.

Superbe exemplaire auquel on a ajouté une suite de figures in-18 de l'édition Cazin, tirée in-4 en belles épreuves.

Galerie historique des Comédiens de la troupe de Molière, gravés à l'eauforte, sur documents authentiques, par HILLEMACHER, avec détails biographiques succincts relatifs à chacun d'eux (2ᵉ edit., LYON-SCHEURING, 1869). In-8, en feuilles dans un étui. . . . 100 fr.

Bel exemplaire tiré sur PEAU DE VÉLIN.

Galerie historique des Comédiens de la troupe de Voltaire, gravés à l'eau-forte, sur les documents authentiques, par HENRY LEFORT et DE MANNE (LYON-SCHEURING, 1877). In-8. demi-rel., dos et coins maroquin vert, tête dor., non rogné. . . . . 50 fr.

Bel exemplaire orné des portraits à l'eau-forte et imprimé sur papier teinté.

Galerie historique des Acteurs français, mimes et paradistes, depuis 1760 jusqu'à nos jours, pour servir de complément à la troupe de Nicolet (Lyon-SCHEURING, 1877). In-8, dem.-rel., dos et coins maroquin rouge, tête dorée, n. rog. portraits. . . . . . . 60 fr.

Bel exemplaire sur papier de Hollande, avec la double suite des portraits en noir et en sanguine.

Galibert : *L'Algérie ancienne et moderne,* depuis les premiers établissements des Carthaginois jusqu'à la prise de la Smalah d'Abd-el-Kader. Paris, Furne, 1844. In-4, dem.-rel., dos et coins maroq. citron, tête dor., n. rog. 40 fr.

Magnifique exemplaire orné des vignettes de Raffet et de Rouargue frères, de costumes militaires en couleurs et d'une carte de l'Algérie. Rare.

Gazette des Beaux-Arts, origine à 1880. Superbe collection rel. d. maroq. rouge, magnifique occasion à ce prix, net. . . . . 850 fr.

Guérin (LÉON) : *Histoire maritime de France,* contenant l'histoire des provinces et villes maritimes des combats de mer. Nouvelle édition illustrée de 36 gravures sur acier, tirées sur papier de Chine (Paris, DUFOUR et MULAT,

1851). 6 vol. in-8, demi-chagrin, tr. jaspées. . . . . 20 fr.

Belle occasion.

Guiffrey et Muntz : *Histoire générale de la Tapisserie,* dans les différents pays de l'Europe, depuis le moyen âge jusqu'à nos jours (Paris, 1878-1886). 3 vol. en livraisons. . . . . . 270 fr.

Épuisé.
Superbe publication contenant 105 planches en couleur et de nombreuses figures dans le texte.

Histoire de Jules César (Paris, imp. Impériale, 1866). 2 vol. gr. in-4, rel. chag. plein, filets, dent. int. . . 35 fr.

Histoire des Perruques, où l'on fait voir leur origine, etc..., par J.-B. THIERS (Avignon, 1779). In-12, veau fauve, filets, dent. int., tr. dor. (PETIT). 45 fr.

Rare. Bel exemplaire.

Hugo (VICTOR) : *Le Pape,* 21 compositions dessinées et gravées par JEAN-PAUL LAURENS (Paris, 1885). In-4, br.; 70 fr., net. . . . . 20 fr.

Exemplaire très frais sur papier Wathman, avec deux états des planches dont un sur Japon.

— *Œuvres complètes* (Édition définitive), d'après les manuscrits originaux (Paris, HETZEL-QUANTIN). 46 vol. in-8, d.-rel. chag. rouge, tr. jasp. . . . . 350 fr.

Bel exemplaire.

Hume (DAVID) : *Histoire d'Angleterre,* depuis l'invasion de Jules César jusqu'à la Révolution de 1688, par DAVID HUME, et depuis 1688 jusqu'à 1760, par SMOLLETT, continuée, depuis cette époque jusqu'en 1783, par ADOLPHUS (Paris, JANET et COTELLE, 1826). 21 vol. in-8, d.-rel. veau, tr. jasp. . . . . . . 45 fr.

Bel exemplaire.

Iconographie voltairienne : *Histoire et description* de ce qui a été publié sur Voltaire, par l'art contemporain, par GUSTAVE DESNOIRESTERRES (Paris, Didier, 1079). In-4°, d.-rel., dos et coins maroquin Lavallière, tête dor. n. rog. 25 fr.

Ouvrage orné de nombreuses gravures facsimilé des illustrations de l'époque.
Épuisé. Rare.

L'Illustration (Journal), collection de l'origine à 1871. 58 vol. in-4, broché, au lieu de 1,060 fr., net. . . . 350 fr.

Imitation de Jésus-Christ, traduction de MICHEL DE MARILLAC, garde des Sceaux de France, compositions par J.-P. LAURENS, gravées à l'eau-forte par

Léopold Flameng (Paris, Quantin, 1878). In-8, maroquin Lavallière, dos orné, filets, dent. int., tranches dorées (Bertrand) . . . . 65 fr.

Magnifique exemplaire sur papier de Chine avec double épreuve des figures *avec et avant la lettre.*

Intrigues monastiques, ou l'Amour encapuchonné; nouvelles espagnoles, italiennes et françaises, à la Haye, chez Jean Van den Bergh, MDCCXXXIX. In-32, reliure pleine, maroquin rouge, filets, dent. int., tranches dorées, reliure ancienne . . . . 50 fr.

Bel exemplaire.

Jullien : *La Nièvre à travers le passé,* topographie de ses principales villes, décrites et gravées (Paris, Quantin, 1883). In-folio, br., 125 fr., net. 60 fr.

Bel exemplaire orné de 55 planches hors texte, sur papier de Hollande et à l'eau-forte.

Kiener et Fischer : *Species générale et iconographie des coquilles vivantes* (Paris, J.-B. Baillière). 6 vol. in-4, rel., fig. coloriées, 1130 fr., net. 225 fr.

Véritable occasion. Très rare. Exemplaire en grand papier.

Laborde : *Choix de chansons mises en musique,* ornées d'un portrait de l'auteur, gravé par Masquelier, d'après Danton, et de 104 magnifiq. estampes par Moreau, le Barbier, le Bouteux et Saint-Quentin. 4 vol. gr. in-8, papier vélin, texte et musique entièrement gravés. Au lieu de 200 fr., net. . . 70 fr.
Le même, sur Chine, au lieu de 400 fr., net . . . . 160 fr.

Lacroix (Paul) : *XVIII* siècle, institutions usages et costumes, Lettres, Sciences et arts (Paris, Didot). 2 beaux vol. in-f°, d.-rel., dos et coins maroq. rouge, tête dor. n. rog. . . . . 70 fr.

Bel exemplaire en grand papier de Hollande.

La Fontaine : *Contes,* suite d'estampes dessinées par Lancret, Eisen, Boucher, etc., pour illustrer les *Contes,* gravées au burin par Depollier aîné, 38 pl. in-4 et 2 vignettes gravées en taille-douce (Paris, J. Lemonnyer, 1885). In-4, mar. rouge, dos orné filets larges, dent. sur les plats, dent. int., tr. dorées. (Courmont.) . . . . 100 fr.

L'un des 10 exemplaires du deuxième état (épreuves non terminées) sur Chine, montées sur Wathman en noir.
Splendide reliure.

La Fontaine (Jean de) : *Contes et nouvelles* en vers 1777. 2 vol. in-8° d. rel. chag. vert plats toile, tr. dor. . . 100 fr.

Contrefaçon de l'édition des Fermiers généraux, 1762, renfermant 128 fig., front. et fleurons, par Eisen et Choffard.
Très bel exemplaire à toutes marges et très frais.

La Fontaine : *Contes et Nouvelles* en vers (Paris, Barraud, 1874). 2 vol. in-8, portraits, fig., papier vergé, br. 100 fr.

Réimpression fidèle et très belle de l'édition des *Fermiers généraux.*

La Fontaine : *Contes et Nouvelles* en vers, ornés des estampes de Fragonard, réimp. de l'édition de Paris (Didot, 1795), revue et augmentée d'une notice par Anatole de Montaiglon (Paris, Lemonnyer, 1882). 2 beaux vol. in-4, br. 150 fr., net. . . . . 70 fr.

Le même, sur papier vélin à la cuve, avec la suite des gravures en noir, et dont 34 avant la lettre, 300 fr., net, 180 fr.

Le même, sur vergé, avec la même suite, 250 fr., net. . . . . . . 150 fr.

Le même, sur pap. de Chine, avec la double suite des gravures en noir et en bistre, état de neuf, 400 fr., net, 240 fr.

Véritable occasion à ce prix.

La Fontaine (J. de) : *Contes et Nouvelles* en vers, ornés d'estampes d'Honoré Fragonard, Monnet, Touzé et Milius, gravées d'après les dessins originaux par Le Rat, Milius, Mongin et R. de Los Rios, édition revue et précédée d'une notice par Anatole de Montaiglon (Paris, Rouquette, 1878). Deux beaux vol. in-8, br., 60 fr., net 30 fr.

Bel exemplaire sur papier vélin. Epuisé.

La Fontaine : Suite d'estampes dessinées par Lancret, Pater, Eisen, Boucher, Vlengels, etc., pour illustrer les *Contes,* gravées au burin par Depollier. Splendide collection de 40 planches in-4, en livr., sur vergé de Hollande, 3* état, 125 fr., net. . . . 75 fr.

La même suite, sur japon bistre ou noir, 4* état, 175 fr., net. . . 100 fr.

Bonne occasion.

Laforge (Edouard) : *Type de l'art chrétien,* histoire, monuments, légendes (Lyon, Scheuring. 1864). In-4° d.-rel. maroq. bleu, tête dorée, non rog. 40 fr.

Bel exemplaire orné de gravures.

La Lozana Andaluza, La Gentille Andalouse, par Francisco Delicado

(XVIᵉ siècle), traduit pour la première fois, texte espagnol en regard, par ALCIDE BONNEAU (Paris, LISEUX, 1888). 2 vol. in-8, br. . . . . 90 fr.

Épuisé. Rare.

Lenormant : *Histoire ancienne de l'Orient*, jusqu'aux guerres médiques (Paris, LÉVY, 1888). 6 vol. gr. in-8, demi-reliure chagrin, filets, tête dorée, non rogné, au lieu de 150 fr., net . . 100 fr.

Belle occasion.

Ouvrage contenant plus de 700 gravures, planches en couleur, cartes ou plans.

Les Kama Sutra de Vatsyayana, manuel d'érotologie hindoue, rédigé en sanscrit vers le Vᵉ siècle de l'ère chrétienne, traduit sur la première version anglaise (1883) par ISIDORE LISEUX, Paris, 1885. In-8, br. . . . . . . 90 fr.

Ouvrage curieux imprimé à 220 exemplaires non mis dans le commerce.

Lettres d'Héloïse et d'Abeilard, édition ornée de huit figures gravées par les meilleurs artistes de Paris, d'après les dessins et sous la direction de MOREAU le Jeune (Paris, Imprimerie de DIDOT le Jeune, An IV, 1796). 3 vol. gr. in-4, maroq. grenat, dos orné mosaïque, fil. et milieux, dent. int., tr. dor . . . . 350 fr.

Très bel exemplaire en grand papier vélin, contenant les figures avant la lettre, et une suite de dessins au lavis des mêmes gravures, non signés.

Livre d'heures de la reine Anne de Bretagne, trad. du latin et accompagné de notices inédites par l'abbé de LAUNAY (Paris, CURMER, 1841). 2 vol. gr. in-4 dont un de texte chromolith., maroq. plein rouge, dos et plats ornés, dent. intérieure doublée de moire, tr. dor. (PETIT). . . . . 800 fr.

Superbe exemplaire entièrement monté sur onglets, renfermé dans une boîte capitonnée.

Chaque volume est orné d'un double fermoir en bronze doré au chiffre de Anne de Bretagne.

Épuisé. Très rare.

Longus : *Daphnis et Chloé*, ou les Pastorales de Longus, traduites du grec de J. AMYOT (Paris, LECLÈRE, 1863). In-8, maroquin citron, dos orné, filets, mosaïque, dent. int., tranches dorées (DAVID). . . . . 275 fr.

Superbe exemplaire contenant :

1° La suite des figures de EISEN, gravées par LONGUEIL en trois états sur Chine en *noir, bistre et sanguine.*

2° La suite tirée à part des têtes de chapitres

et culs-de-lampe également en trois états *noir, bistre et sanguine.*

3° La suite de 1 portrait et 8 figures de BOILVIN pour l'édition de LEMERRE, 1872.

4° La suite de 9 figures par PRUDHON et GÉRARD, gravées par MASSARD et ROGER. Édition de DIDOT, 1800, en quatre états, en noir sur Hollande, en noir sur Chine, en bistre et en sanguine sur Chine. Ensemble 77 pièces.

Magny (OLIVIER de) : *Les odes d'Olivier de Magny de Cahors de Quincy* (Lyon SCHEURING, 1876). in-8ᵉ d. rel., dos et coins de maroquin, Laval. tête dor. n. rogn . . . . 60 fr.

Bel exemplaire d'un ouvrage épuisé.

Malte-Brun : *La France illustrée.* Géographie. Histoire. Administration. Statistique (Paris, Rouff, 1882-1884). 7 vol. gr. in-8, demi-rel. veau, dont un vol. de planches montées sur onglets et un dictionnaire des communes. . . 40 fr

Quantité d'illustrations par les premiers artistes. Cartes et plans col. gravés par Erhard.

Manne (DE) et **Menétrier** (C.) : *Galerie historique* de la Comédie française, pour servir de complément à la troupe de Talma, ornée de portraits gravés à l'eau-forte par M. FUGÈRE (Lyon, SCHEURING, 1876) In-8, demi-rel. maroq. vert, coins, tête dorée, n. rog . . . . 60 fr.

Bel exemplaire en grand papier de Hollande, avec la double suite des portraits en noir et en sanguine.

Mantz (PAUL) : *Les chefs-d'œuvre de la peinture italienne*, ouvrage contenant 20 pl. chromolithographiques exécutées par F. KELLERHOVEN. 30 pl. sur bois et 40 culs-de-lampe et lettres ornées (Paris, Didot, 1870). in-fᵒ, cart. tr. dor. 100 fr., net . . . . 60 fr.

Marot (Clément) : **Œuvres** (Lyon, N. SCHEURING, 1869). Maroquin bleu, filets, dos orné, dent. int., tr. dor. . 150 fr.

Magnifique exemplaire sur papier teinté, tiré à 150 exemplaires, nᵒ 53.

Ouvrage orné de lettrines, cadres, culs-de-lampe.

Martin (HENRI) : *Histoire de France.* 17 vol in-8, fig. sur acier. Bonne demi-rel., 150 fr., net . . . . 80 fr.

Recueil de Maurepas : *Pièces libres, chansons,* épigrammes et autres vers satiriques sur divers personnages des siècles de Louis XIV et Louis XV, Ley, 1865. 6 vol. in-16, d.-rel. dos et coins de maroq. vert, tête dor. n. rog. 100 fr.

Ouvrages très curieux et fort rare.

Michaud : *Histoire des Croisades*, magnifique publication ill. de 100 grandes compositions de G. Doré, gravées par Bellanger, Doms, Gusman, Jonnard, Pannemaker, Pisan, Quesnel. 2 beaux vol. in-fol., papier superfin, cart. toile rouge, fers spéciaux (Paris, Furne, 1877), 170 fr., net. . . . . . . 120 fr.

Belle occasion, première édition.

Michaud et **Poujoulat** : Nouvelle collection des mémoires relatifs à l'histoire de France (Paris, Féchoz, 1881). 30 vol. gr. in-8, bonne rel., tr. jasp. . 100 fr.

Mœurs, usages, costumes des Othomans et abrégé de leur histoire, par Castellan, avec éclaircissements tirés d'ouvrages orientaux et communiqués par M. Langlès (Paris, 1812). 6 vol. in-12, fig., maroq. bleu, dos orné, filets, larg. dent. sur les plats, comp. n. rog. (Thouvenin) . . . . 500 fr.

Superbe exemplaire tiré sur peau de vélin, avec une double suite des figures avant lettres terminées, noires et coloriées ; ces dernières ont été imprimées en couleur et soigneusement retouchées au pinceau.
Ces figures coloriées sont de véritables aquarelles, tant par le fini que par la fraîcheur du coloris.

Molière : *Théâtre*, orné de dessins de Louis Leloir, gravés à l'eau-forte par Flameng, préface de D. Nisard, de l'Académie française. 8 vol. gr. in-8, brochés . . . . 500 fr.

Magnifique exemplaire en grand papier soleil avec la double suite des gravures avec et avant la lettre.

Molière : *Œuvres complètes*. Nouvelle édition collationnée sur les textes originaux avec leurs variantes, précédée de l'histoire de sa vie et de ses ouvrages, par M. Taschereau (Paris, Furne, 1863). 6 vol. in-8, demi-rel. veau brun, filets. Au lieu de 60 fr., net. . . . . . 35 fr.

Exemplaire bien frais. Jolies gravures sur chine encolées.

Monnier (Henry) : *Les bas fonds de la Société* (Paris, Jules Claye, 1862) In-8°, cartonnage Bradel, n. rog. . . . 130 fr.

Magnifique édition, tirage à 50 exemplaires, orné d'un frontispice sur chine, de Félicien Rops, en 4 états, sanguine, bistre, noir et de 9 *aquarelles de Coindre*.
Ouvrage curieux et intéressant.

Musset (Alfred de) : *Nouvelles*. Les deux maîtresses, Emeline, le fils du Titien, Frédéric et Bernerette, Pierre et

Camille (Paris, Conquet, 1887). In-8°, br., 50 fr., net. . . . . 40 fr.

Superbe édition, tirage à 500 exemplaires numérotés, magnifiquement illustré d'un portrait gravé par Burnet d'après une miniature de Marie Moulin, et de 15 compositions de Flameng et de Costazzo, gravées à l'eau-forte par Mordant et Lucas.

Mystère (Le) de Griselidis, marquise de Saludes, par Personnaiges. Petit in-4, goth. à 2 col., maroq. rouge, dos orné, encadr. de filets or sur les plats, dent., gardés en soie, tr. dor. . . . . 150 fr.

Réimpression fac-simile de l'édition de Paris, par Jehan Bonfous, s. d. (vers 1550), réimprimée à Paris, chez Pinard, en 1832.
L'un des deux exemplaires sur peau de vélin.

Nadaud (Gustave) : *Contes et récits* et scènes en vers, ornés de 6 eaux-fortes (Paris, Librairie des Bibliophiles), 1877). In-8, maroq. bleu, dos orné, filets, dent. int., tr. dor. . . . . 70 fr.

Bel exemplaire sur papier de Chine, avec 6 eaux-fortes.

Le Neveu de Rameau, par Diderot, satire, revue sur les textes originaux et annotée par Maurice Tourneux, portrait et illustrations par Milius (Paris, Rouquette, 1884). Gr. in-8, maroq. vert janséniste, dent. int., tr. dor. . 65 fr.

Bel exemplaire sur Japon, avec double suite des figures avant et avec la lettre.

Notice sur Simon Stevin (Brugeois, Gand, 1841). In-8 carré, maroq. vert, large dent. avec une superbe mosaïque rouge sur les plats, doublé de moire, tr. dor. (Petit). . . . . 130 fr.

Double exemplaire imprimé sur satin blanc et sur vélin, recouvert d'une charmante reliure. Véritable livre d'amateur et de délicat.

Le Nouveau Testament de N.-S. Jésus-Christ, version revue par Ch.-L. Frossard, pasteur (Paris, Berger-Levrault, 1880). In-4, br. encadr. rouge, dans un carton. . . . . 100 fr.

Exemplaire sur Hollande, tiré à 488 exemplaires (n° 88).
Épuisé. Rare.

Nouvelle relation de l'intérieur dv serrail du Grand Seigneur, contenant plusieurs singularitez qui iusqu'icy n'ont point esté mises en lumière, par J. B. Tavernier, écuyer, baron d'Aubonne (Paris, 1675). Maroq. rouge janséniste, dent. int, tr. dor. (Badée). . . 100 fr.

Superbe exemplaire orné d'un joli frontispice et d'une grande planche de Berrin, gravée par Olivier.

Ovide : *Traduction des fastes d'Ovide,* avec des notes et des recherches de critique, d'histoire et de philosophie par Bayeux, avocat au parlement de normandie (Rouen et Paris, 1783-1788). 4 vol. gr. in-8°, rel. pl. maroq. citron, ornements grecs sur les plats, dent. int. tr. dor. . . . . 200 fr.

Bel exemplaire en grand papier, orné d'un beau frontispice par Cochin, gravé par Gaucher; 6 fig. par Lebarbier, gravées par Henriquez, Leveau, Malenvre et Née, 56 vignettes et culs-de-lampe par Lebarbier et Gaucher, ou non signés. La reliure de Bozérian est bien conservée.

Pallustre (Léon) : *La Renaissance en France.* (Paris, Quantin, s. d., 15 fasc. in-fol. br., formant les 2 premiers volumes de ce magnifique ouvrage, 750 fr., net. . . . . 300 fr.

Splendide exemplaire numéroté, tirage d'amateur sur papier de Hollande, avec les deux états des planches hors texte, et eaux-fortes du texte tirées à part sur Japon.

Le même ouvrage, tiré sur Chine, 950 fr., net. . . . . 400 fr.

Paris à travers les âges, aspects successifs des principales vues et perspectives historiques de Paris depuis le XIII° siècle jusqu'à nos jours, restitués d'après les documents authentiques par M. Hoffbauer, architecte, avec texte explicatif par Fournier, Cousin, Dufour, etc., etc. 14 livraisons in-fol. en cartons, 420 fr., net . . . . . . 230 fr.

Premier tirage.

Le même ouvrage, 2° édit., demi-rel., dos et coins de maroq. rouge, tête dor., n. rog. . . . . 175 fr.

Bel exemplaire monté sur onglets.

Paris dans sa splendeur, monuments, vues, scènes historiques, descriptions et histoire. Dessins et lithographies par MM. Ph. Benoist, pour le plus grand nombre et avec l'aide de la photographie, Jules Arnout, Bayot, Chapuy, Clerget, Jules David, Jacottet, etc., vignettes de F. Benoist et Catenacci, exécutées sur bois par les premiers graveurs, texte par Louis Enault, Prosper Mérimée, A. de Montaiglon, etc. Paris, Charpentier, 1861. 3 vol. in-fol., rel. dem.-chag., plats toile avec fers spéciaux, au lieu de 250 fr., net. 70 fr.

Pascal. *Œuvres,* Lettres provinciales et Pensées. (Paris, Lefevre, 1819). 2 vol. in-8, maroq. rouge à longs grains, ornements à froid et or sur les plats, filets,

dos orné, dent. int., tr. dor. (Simier, rel. du Roi) . . . . 85 fr.

Superbe exemplaire dans une riche reliure.

Peintres (Les) *les plus célèbres de toutes les époques,* recueil des plus belles compositions tirées des Saintes Écritures, de l'histoire ancienne et autres sujets, gravées au trait, 1300 gravures accompagnées de notice sur chaque peintre et formant 12 vol. in-4°, rel. en 7 montées sur ong. 240 fr., net. 150 fr.

Bel exemplaire.

Périers (B. des) : *Nouvelles récréations et joyeux devis de B. des Périers* suivis du Cymbalum Mundi, réimprimés par les soins de D. Jouaust, avec une notice, des notes et un glossaire par Louis Lacour (Paris, librairie des Bibliophiles, 1874). 2 vol. in-8°, d.-rel., dos et coins de maroq. rouge, tête dor. n. rog. (Bertrand) 30 fr., net. . . . . . 20 fr.

Bel exemplaire de la collection des *Conteurs français.*

Pictures and Royal portraits, illustrative of english and Scottish history, from the introduction of christianity to the present time engraved from important works by distinguished modern painters and from authentic state portraits, with descriptive historical sketches, by Thomas Archer (London, Blackie et Son, 1882). 2 vol. in-4, planches, rel. pleine chag. Lavallière, dos orné, filets or et fers à froid sur les plats, dentelles int., tranches dorées (reliure anglaise) . . . . 80 fr.

Magnifique exemplaire dans une reliure de bon goût et d'une finesse d'exécution remarquable.

Poésies sur la Constitution unigenitus, recueillies par le chevalier de G... (Villefranche, Philalete Belhumeur, 1724). 2 vol. petit in-8, veau fauve, filets dorés, dent. int., papier vergé, tranches dorées . . . . . 60 fr.

Bel exemplaire provenant de la bibliothèque du marquis de Lescoet, laquelle a été vendue vers 1872.

Ouvrage curieux, violente satire contre le le clergé.

Point de lendemain, : *Conte,* illustré de 13 compositions de Paul Avril (Paris, Rouquette, 1889. In-8, br. 30 fr. net. . . . . 26 fr.

Epuisé.

Magnifique ouvrage ill. d'une façon remarquable.

Pogge (Florentin) : *Les Facéties de Pogge*, florentin, traitant de plusieurs nouvelles choses morales, traduction française de Guillaume Tardif, du Puy-en-Velay, avec une préface et des tables de concordance de Anatole de Montaiglon (Paris, Wilhem, 1878 In-8, d.-rel., dos et coins de maroq. Lavallière, tête dor. n. rog. (Bertrand) 60 fr., net . . . . 40 fr.

Très bel exemplaire sur papier de Chine d'un ouvrage épuisé et devenu rare.

Prisse d'Avesnes (E.) : *Monuments égyptiens*, bas-reliefs, peintures, inscriptions, etc., d'après les dessins exécutés sur les lieux par l'auteur, ouvrage contenant 52 pl. dont 11 coloriées, avec notices explicatives. Grand in-folio. Cart. 75 fr. net . . 40 fr.

Cet ouvrage fait suite aux *Monuments de l'Egypte et de la Nubie*, par Champollion le Jeune (voyez ce nom).

Pub. Ovidii nasonis, métamorphoseon Libri XV in singulas quasque fabulas argumenta Expostrema Jacobi Micylli Recognitione (Francofvrti ad Moenvm, 1587). In-12, maroq. rouge, dos orné, filets, tranches dorées, figures sur bois (Wendling) . . . . . . 40 fr.

Ouvrage rare et recherché des amateurs.

Pucelle d'Orléans (La), poème divisé en XXII chants, par Voltaire, avec notes (Genève, 1780). In-12, maroq. orange, dos orné, filets, tr. dorées. . . . 65 fr.

On a ajouté à cet exemplaire le portrait de : *Voltaire assis et Jeanne d'Arc debout*, de l'édition Cazin, 1780, et un *dessin* à l'aquarelle, non signé.

Quatre livres de l'Imitation de Jésus-Christ (Les), traduction de Michel de Marillac, publiée par les soins de D. Jouaust, préface de M. E. Caro, de l'Académie française, dessins hors texte de Henri Lévy, gravés à l'eau-forte, par Waltner, ornements par H. Giacomelli (Paris, Librairie des Bibliophiles, 1875). In-4, demi-reliure maroquin Lavallière, tête dorée, non rogné . . . . 50 fr.

Superbe exemplaire sur papier vergé. Reliure fraîche, n° 48.

Racine (Jean) : *Œuvres*, texte original avec variantes et un glossaire, par P. Chéron, orné de 11 eaux-fortes par Boilvin (Paris, Jouaust, 1877). 5 vol. in-12, d.-rel., dos et coins maroq. bleu, tête dorée, n. rog. . . . . . . 50 fr.

Bel exemplaire sur papier de fil, orné des eaux-fortes de Gravelot, gravées par Monziès.

Racine : *Œuvres complètes*, avec les notes de tous les commentateurs (Paris, Lefèvre, 1822). 6 vol. in-8, rel. veau plein, marbr., dos orné, dentelles, tr. marb., fig. de Chaudel, Desenne, Girodet, etc. . . . . 20 fr.

— *Œuvres complètes*, avec une vie de l'auteur et un examen de chacun de ses ouvrages, par MM. Saint-Marc Girardin et Louis Moland (Paris, Garnier, 1875-77). 8 vol. in-8, dem.-rel. veau brun, filets. Au lieu de 80 fr., net. . . . . 50 fr.

Exemplaire très frais.

Racinet : *L'Ornement polychrome*. 220 planches en couleurs or et argent, contenant environ 4000 motifs de tous les styles, art ancien et asiatique, moyen âge, Renaissance, XVII° et XVIII° siècle. Recueil historique et pratique, accompagné de notes explicatives et d'une introduction générale (Paris, Didot). 1 vol. in-f° en feuilles, en cartons, 320 fr., net. . . . . 170 fr.

Bel exemplaire.

Recherches sur les Costumes et sur les Théâtres de toutes les nations, tant anciennes que modernes, avec des estampes en couleur et au lavis, dessinées par Chery et gravées par Alix (Paris, Drouhin, 1790). In-4, frontispice gravé et figures coloriées, maroquin rouge, dentelle intérieure et sur les plats, tr. dor., rel. anc. . . . . . 120 fr.

Bel exemplaire d'un livre rare et recherché des amateurs.

Une notice ajoutée au livre attribue cette reliure à Bozérian.

Recueil de pièces rares et facétieuses, anciennes et modernes, en vers et en prose, remises en lumière pour l'esbattement des pantagruélistes, avec le concours d'un bibliophile Paris, Barraud, 1872). 4 t. en 2 vol. in-8, fig. et vign., maroq. vert, dos orné, large dent. sur les plats, dent. int., tranches dorées . . . . 150 fr.

Exemplaire sur papier de Chine, figures avant la lettre.

Revue de la Révolution française, publiée sous la direction de Gustave Born. Revue historique, philosophique, économique, littéraire et artistique, 1re année, 1883 à 1889. 16 vol. gr. in-8, rel. d.-ch. noir jans. Au lieu de 250 fr., net. . . . . 80 fr.

Belle publication contenant un grand nombre de gravures et de documents. Superbe occas.

Rollin : *Œuvres complètes* (Paris, s. d.).
7 vol et 2 atlas in-4, bonne. d.-reliure,
tr. jasp., 70 fr., net . . . . 25 fr.

Rommant de la Rose (Le) (Imprimé à
Paris). Reproduction fidèle de l'édition
de Jehan Dupré (XV⁰ siècle). Superbe
impression en caractères gothiques,
avec les bois dans le texte, maroquin
Lavallière janséniste, dent. int., double
garde, tr. dor. (nomb. témoins).   80 fr.

Magnifique exemplaire sur papier de Chine,
tirage à 50 exemplaires sur ce papier (édition
à 500 exemplaires).
Épuisé. Rare en cet état.

Rousseau (J.-J.) : *Œuvres complètes*
(Paris, Didot, 1876). 4 beaux vol. gr. in-8,
avec 18 grav. sur acier et le portrait
de J.-J. Rousseau, dem.-rel. veau brun,
dos orné, tr. jasp. . . . . . . 35 fr.

Bel exemplaire.

Rouyer et Darcel : *L'Art architectural
en France*, depuis François I⁰ jusqu'à
Louis XIV. Motifs de décoration intérieure et extérieure, dessinés d'après
les modèles exécutés et inédits des principales époques de la Renaissance (Paris,
Noblet et Baudry, 1863). 2 vol. in-f⁰,
demi-reliure chagrin, dos et coins,
plats toile . . . . 105 fr.

Bel exemplaire orné de nombreuses planches
montées sur onglets.

Ruelles (Les) du XVIII⁰ siècle, par Léon
de Labessade, préface par Alexandre
Dumas fils, de l'Académie française (Paris, Rouveyre, 1879). 2 beaux vol. in-12,
tirage gr. in-8, br.; couv. ill.   80 fr.

Superbe ouvrage en parfait état, sur *papier
de Chine*, n⁰ 48, avec les eaux-fortes de Mongin, en trois états, noir, bistre et sanguine.

Saint Lambert : *Les Saisons* (Paris,
Didot aîné, 1796). Gr. in-4, papier vélin,
fig. de Chaudet, maroquin bleu, dos
orné, filets, tête dor., ébarbé . . 70 fr.

Bel exemplaire auquel on a ajouté 4 figures
anglaises en couleur, représentant les quatre
saisons.

Saint-Pierre (Bernardin de) : *Paul et
Virginie et la Chaumière indienne*
(Paris, Curmer, 1838). Gr. in 8, portraits
et fig. de Meissonnier, Français, Johannot, Huet et autres, maroquin rouge,
filets sur les plats, dent. int., doublé de
moire bleue, tr. dor., reliure de Allô.
Étui de peau garni à l'intérieur. 150 fr.

Superbe exemplaire (dans une riche reliure)
contenant une double suite des portraits tirés
sur Chine ; on y a ajouté un portrait de Curmer
aussi en double épreuve.

Saint-Pierre (Bernardin de) : *Paul et
Virginie* (Paris, Curmer, 1838). In-8,
figures sur Chine, vign. maroq. rouge,
dos orné, filets, tranches dorées.   75 fr.

Bel exemplaire qui contient le portrait du
docteur.

— *Paul et Virginie*, suivi de *La Chaumière indienne* (Paris, L. Curmer,
1838). Gr. in-8, portrait et fig., demi-
rel., dos et coins de maroq. vert, t. d.,
éb. . . . . 50 fr.

Bel exemplaire.

Sand (Maurice) : *Masques et bouffons*
(Comédie italienne), texte et dessins par
Maurice Sand, gravures par A. Man-
céau, préface par George Sand (Paris,
A. Lévy fils, 1860). 2 vol. gr. in-8, fig.
en bistre, dem.-rel., dos et coins de
maroq. r., tête dor., n. rog. . . 50 fr.

Bel exemplaire.

Sauvageot : *Palais et châteaux*, hôtels
et maisons de France du XV⁰ au XVIII⁰
siècle (Paris, Morel, 1867). 4 vol. pet.
in-fol., dem.-rel. chag., plats toile, tr.
jasp. . . . . 140 fr.

Très bel exemplaire orné de nombreuses planches en noir et en couleurs, et montées sur onglets avec gravures dans le texte.

**Tapisseries de la Cathédrale de
Reims**. Histoire du roi Clovis, histoire
de la Vierge, reproduction en héliogravure Goupil. 20 pl. in-fol. d'après les
clichés de Marguet et Dauphinet, texte
par Charles Longuet. 1 vol. in-fol. colombier, en carton, 200 fr., net.   80 fr.

Bel exemplaire numéroté sur papier de Hollande.

Tillier (Claude) : *Mon oncle Benjamin*,
nouvelle édition illustrée d'un portrait
frontispice et de 42 dessins gravés sur
bois par Prunaire, avec une préface
par Monselet (Paris, Conquet, 1881).
2 vol. in-12, tiré in-8, couverture en
couleur. Exempl. br. Au lieu de 100 fr.,
net. . . . . 75 fr.

Ouvrage épuisé et bien exécuté.

Uzanne (Octave) : *Le Bric-à-brac*, préface de J. Barbey-d'Aurevilly (Paris,
Rouveyre, 1879. Texte in-12, tiré in-8
sur papier de Chine, rel. pl. maroq.
vert. Ornements sur les plats, dents
int., tr. dor. (Bertrand). . . . . 60 fr.

Superbe exemplaire avec le frontispice en
4 états, noir, bistre, sanguine.

Uzanne (OCTAVE) : *La Française du siècle*, modes et usages (Paris, Quantin). Gr. in-8, br., 100 fr., net . 45 fr.

Épuisé.

Bel exemplaire sur papier du Japon, illustrations de A. LYNCK, reproduites en taille-douce et en couleurs, gravées par GAUJEAN, nombreuses vignettes et culs-de-lampe gravés sur bois. Couverture à l'eau-forte en plusieurs tons, repoussée en relief par une estampe reliée d'or.

Le même, grand papier du Japon, 200 fr., net.. . . . . 80 fr.

Très rare.

— *Son Altesse la Femme* (Paris, s. d.). Gr. in-8, br., 45 fr., net . . . 20 fr.

Bel exemplaire, illustrations de GERVEX, Félicien ROPS, etc..., reproduites en taille-douce et en couleurs suivant les procédés de DEBUCOURT, débuts de pages par LYNCH, nombreuses vignettes et culs-de-lampe, couverture à l'aquarelle d'après FRAIPONT.

Le même, sur papier du Japon. Bel exemplaire à l'état de neuf, 100 fr., net. . . . . 45 fr.

Vidieu (abbé) : *Sainte Geneviève*, patronne de Paris et son influence sur les destinées de la France (Paris, DIDOT, 1884). In-4 dans un carton, 100 fr., net. . . . . 60 fr.

Bel exemplaire sur japon, orné de nombreuses gravures hors texte.

Villars : *L'Angleterre, l'Ecosse et l'Irlande* (Paris, QUANTIN, s. d.). In-4, br., 60 fr., net. . . . . 30 fr.

Bel exemplaire sur papier du Japon, illustré de 600 gravures, belle impression, couverture en chromolithographie.

Vivien de Saint-Martin : *Histoire de la Géographie et des découvertes géographiques*, depuis les temps les plus reculés jusqu'à nos jours (Paris, HACHETTE, 1873. Gr. in-8, rel. pl. en maroq. citron, tête dor., n. rog. 25 fr.

Bel exemplaire dans une splendide reliure de toute fraîcheur.

Voltaire : *Œuvres complètes*, nouvelle édition (Paris, LEFÈVRE, 1815-1820). 42 vol. in-8, cart. non rognés. . . . 90 fr.

Bel exemplaire non rogné. Très frais. Très bonne impression.

— *Œuvres complètes*. Edition GARNIER. 52 vol. in-8, dem.-rel. en maroq. rouge, tête dor., non rog. Superbe exempl. d'amat. sur gr. papier de Holl. Véritable occasion. Au lieu de 1,150 fr., net. . . . . 450 fr.

Voltaire. Frontispice gravé et 21 vignettes, d'après DUPLESSIS-BERTAUX, tirées hors texte, pour *La Pucelle d'Orléans*. Edition LECLERC, format in-32, en feuilles. . . . . 35 fr.

Un des rares exemplaires tirés sur peau de vélin.

Voyage de Paris à Saint-Cloud par mer et par terre, par L. BALTHASAR NEEL (de Rouen), suivi du *Retour*, par AUGUSTIN-MARTIN FOTTIN, avec introduction et 12 eaux-fortes, par JULES ADELINE (Rouen, AUGÉ, 1878). In-8, d. rel., dos et coins de maroq. bleu, tête dor., non rog. . . . . 25 fr.

Bel exemplaire d'un ouvrage tiré à 255 ex., devenu très rare.

ROGER PEYRE

NAPOLÉON Ier ET SON TEMPS

HISTOIRE MILITAIRE, LETTRES, SCIENCES & ARTS

1 vol. in-4° de 886 pages, illustré de 431 gravures et 13 planches en couleurs. Splendide ouvrage d'amateur, exemplaire en feuilles imprimé sur papier du Japon.

Au lieu de 60 fr., net . . . . 40 fr.

SPLENDIDES OCCASIONS

LOUIS BLANC

HISTOIRE DE LA RÉVOLUTION FRANÇAISE

15 vol. in-18.

Au lieu de **45** fr., net. . . . . **20 fr.**

BRUNET (Romuald)

TRAITÉ D'ESCRIME, POINTE ET CONTRE-POINTE

Ouvrage illustré de 5 dessins par Eug. Chaperon
et de 27 planches inédites (Paris, 1884).
Beau volume, in-12 broché, imprimé sur papier teinté.

Au lieu de **5** fr., net. . . . . **1 fr. 75**

CHAMISSO (Ad. de)

HISTOIRE MERVEILLEUSE DE PIERRE SCHLEMIL

Ou l'Homme qui a vendu son Ombre.

Suivie d'un choix de poésies
Et précédée d'une étude par Auguste Dietrich (Paris, 1888),
Grand in-8, broché.

Au lieu de **15** fr , net . . . . **3 fr. 50**

Beau volume contenant 106 dessins très fins de Henri Pille, et 2 portraits.

POÉSIES DE ANDRÉ CHÉNIER

PUBLIÉES AVEC UNE INTRODUCTION NOUVELLE

Par L. BECQ DE FOUQUIÈRES

Et enrichies de 15 splendides compositions de BIDA, gravées à l'eau-forte
par Courtry, Champollion. Mongiès,

Et des portraits de Marie Cosway et de Fanny, gravées à l'eau-forte
par F. Desmoulins, d'après Richard Cosway et David, (Paris, Charpentier, 1888.)
Fort vol. in-4, broché, papier de Hollande.

Au lieu de **100** fr , net. . . . . **40 fr.**

Bel ouvrage sortant des presses de Chamerot et tiré seulement à 465 exemplaires numérotés.

GONCOURT (Ed. et J. de)

RENÉE MAUPERIN

Édition ornée de 10 compositions à l'eau-forte, par James Tissot.
(Paris, Charpentier, 1884). In-8 broché.
Au lieu de **50** fr., net. . . . . **15** fr.

Très jolie édition tirée seulement à 450 exemplaires numérotés, sur papier de Hollande, avec les épreuves des eaux-fortes revêtues du timbre de l'artiste.

LA FONTAINE

CONTES ET NOUVELLES EN VERS

2 forts vol., in-16, papier vergé, caractères elzéviriens.
Ornés des 76 charmantes vignettes à mi-pages de Duplessis-Bertaux,
De deux portraits-médaillons sur les titres et d'un beau portrait de La Fontaine.
(Paris, Lemonnyer, 1879.)
Les deux volumes, édition in-8, sur papier de Chine.
Au lieu de **70** fr., net . . . . **28** fr.

L'ART FRANÇAIS

Revue artistique, texte de Firmin Javel, illustrations de Silvestre,
par leur procédé de glyptographie.
Les quatre premières années, splendidement illust.
Format grand in-4.
Au lieu de **40** fr., net . . . . **18** fr.

MICHELET (Jules)

HISTOIRE DE FRANCE

19 volumes in-18, brochés.
Au lieu de . . . . **70** fr., net. **30** fr.
Le même ouvrage, belle reliure d'amateur. Au lieu de **120** fr., net. **55** fr.

MICHELET (Jules)

HISTOIRE DE LA RÉVOLUTION FRANÇAISE

9 volumes in-18 brochés.
Au lieu de . . . . **32** fr., net. **15** fr.
Le même ouvrage, belle reliure d'amateur. Au lieu de **70** fr., net. **30** fr.

MONTESQUIEU

LE TEMPLE DE GNIDE

Suivi d'*ARSACE et ISMÉNIE,*

Nouvelle édition avec figures d'Eisen et Le Barbier, gravées par Le Mire.
Préface par O. Uzanne. (Rouen, Lemonnier, 1881.)
Beau vol. gr. in-8, papier Wathman, avec double suite des figures en noir et bistre.
Au lieu de **60** fr., net. . . . . **24** fr.
Le même, sur Japon, avec 4 suites des figures en noir, bistre, sanguine et bleu.
Au lieu de **100** fr., net. . . . . **40** fr.
Le même, sur papier de Hollande.
Au lieu de **30** fr., net. . . . . **12** fr.

LIVRE DE TROPHÉES DES ARTS ET SCIENCES

Dessinés par RANSON

16 planches splendidement gravées par Marks, réunies dans un élégant carton.
Au lieu de **20** fr., net. . . . . **5** fr.

MENDÈS (Catulle)

POUR LIRE AU COUVENT

Avec 60 dessins de Lucien Métivet. (Paris, Marpon et Flammarion.)
Beau volume in-8, tiré à très petit nombre sur grand papier numéroté.
Papier du Japon, au lieu de **50** fr., net . . . . . **15** fr. »
— de Chine, — **40** — . . . **12** fr. **50**
— de Hollande, — **30** — . . . . **11** fr. »
Cette édition ne sera jamais réimprimée.

NOGARET

LE FOND DU SAC

Recueil de contes en vers, par Nogaret et autres conteurs du XVIIIᵉ siècle.
2 jolis vol. in-16, papier vergé, caractères elzéviriens,
Avec fleurons et culs-de-lampe, ornés de très beaux frontispices et de 21 gravures
en taille-douce à mi-page,
Dans le genre des vignettes du Duplessis-Bertaux.
(Paris, Lemonnyer, 1879.)
Au lieu de . . . . **30** fr., net. . . **12** fr.
Édition in-8 sur Chine, au lieu de **70** fr., net. . . . **28** fr.
— sur Wathman, — **60** fr., net. . . **24** fr.
— sur Hollande, — **50** fr., net. . . . **20** fr.

POÈTES DE RUELLES AU XVIIᵉ SIÈCLE

POÉSIES DE M. DE MONTREUIL

Augmentées de pièces inédites, publiées avec préface et notes, par O. Uzanne,
Portrait, frontispice et vignettes.

POÉSIES DE FRANÇOIS SARASIN

Augmentées de documents nouveaux et de pièces inédites,
Publiées avec notices, préface et notes, par Octave Uzanne,
portrait d'après Robert Nanteuil.
(Paris, librairie des Bibliophiles, 1877-1878.)
2 beaux vol. in-12, papier de Hollande.
Chaque, au lieu de **10** fr., net. . . . . **6** fr.

CORRESPONDANCE DE Mᵐᵉ DE POMPADOUR
AVEC SON PÈRE, M. POISSON,
ET SON FRÈRE, M. DE VANDIÈRES

Publiée pour la première fois par M. A.-P. Malassis,
Suivie de lettres de cette dame à la comtesse de Lutzebourg, à Paris, Duvernez,
au duc d'Aiguillon, etc.,
et accompagnées de notes et pièces annexes (Paris, Baur, 1878).
Beau vol. in-8, br., papier de Hollande, portraits.
Au lieu de **20** fr., net. . . . . **5** fr. **50**

PROUDHON

CORRESPONDANCE

14 volumes in-8, brochés.
Au lieu de **70** fr., net. . . . . **10** fr.
Superbe occasion, dont nous engageons vivement nos clients à profiter.

UZANNE (Octave)

SON ALTESSE LA FEMME

1 vol. in-8, sur beau papier des Vosges teinté.
Illustrations de Henri Gervex, J. Antonio Gonzalès, L. Kratke, A. Lynck,
Adrien Moreau et Félicien Rops,
Reproduites en taille-douce et en couleur, suivant les procédés de Debucourt.
Au lieu de **45** fr., net. . . . . **20** fr.

UZANNE (Octave)

LA FRANÇAISE DU SIÈCLE

MODES. — MŒURS — USAGES.

Illustrations à l'aquarelle de Albert Lynck,
Gravées à l'eau-forte en couleurs, par E. Gaujean. (Paris, Quantin.)
Au lieu de **45** fr., net. . . . . **20** fr.

Il nous reste quelques exemplaires seulement de *l'Ombrelle*, que nous vendons **28** fr. au lieu de **45** fr.

UZANNE (Octave)

LES SURPRISES DU CŒUR

Beau vol. in-8, broché, papier vergé,
Avec une couverture imprimée en trois couleurs, composée spécialement
par Paul Avril.
Et un frontispice à l'eau-forte, par Bichard.
(Paris, Rouveyre, 1881.)
Au lieu de **6** fr., net. . . . . **2** fr.

LA VIE ÉLÉGANTE

Deux forts volumes in-4, cartonnage artistique, illustrés de plus de 500 dessins
dans et hors texte, de Rops, Robida, Mars, de Liphart, Adrien Marie, L. Leloir, etc.
(Paris, Librairie illustrée, 1883.)
Au lieu de. . . . . **70** fr., net. . . . . **20** fr.
Demi-reliure chagrin, au lieu de **80** fr., net . . . . **25** fr.

VOLTAIRE

LA PUCELLE D'ORLÉANS

Poème en vingt et un chants.
2 beaux vol. in-16, papier vergé, caractères elzéviriens, ornés de charmantes
illustrations de Duplessis-Bertaux.
(Paris, Lemonnyer, 1880.)
Au lieu de. . . . . **40** fr., net. **24** fr.
Édition in-8, sur papier de Chine, au lieu de **80** fr., net. **32** fr.
—   —   Walhman,   —   **70**   —   **28** fr.
—   —   de Hollande, —   **60**   —   **24** fr.

MUSIQUE

AVIS

PARTITIONS

D'OPÉRAS, D'OPÉRAS-COMIQUES ET D'OPÉRETTES

PAROLES FRANÇAISES AVEC ACCOMPAGNEMENT DE PIANO (FORMAT IN-8°)

Adam. Le Chalet. 10 fr., net 7 50
— Le chalet, petit format. 5 fr., net . . . 3 75
— Giralda. 15 fr., net. 11 25
— Le Postillon de Longjumeau, 12 fr.,
   net . . . . 9 »
— La Poupée de Nuremberg. 8 fr., net. . 6 »
— Si j'étais Roi 15 fr., net 11 25
— Le Sourd. 10 fr., net. 7 50
— Le Toréador. 10 fr., net 7 50

Auber. Actéon, 8 fr., net . . . . . . 6 »
— L'Ambassadrice. 15 fr., net 11 25
— La Barcarolle. 15 fr., net. 11 25
— Le Cheval de Bronze 15 fr., net. . . 11 25
— Les Diamants de la Couronne. 15 fr.,
   net. 11 25
— Le Dieu et la Bayadère. 15 fr., net. . 11 25
— Le Domino noir. 15 fr., net 11 25
— L'Enfant prodigue. 20 fr., net . . . 15 »
— La Fiancée. 15 fr., net 11 25
— Fra Diavolo. 15 fr., net. 11 25
— Haydée. 15 fr., net. 11 25
— Le Lac des Fées. 20 fr., net . . . . 15 »
— Le Maçon. 10 fr., net. 7 50
— La Muette de Portici 20 fr., net. . . 15 »
— La Part du Diable. 15 fr., net. . . . 11 25
— Le Philtre 15 fr., net. 11 25
— Rêve d'amour. 15 fr., net. 11 25
— Le Serment. 15 fr., net. 11 25
— La Sirène. 15 fr., net. 11 25

Audran. La Cigale et la Fourmi. 12 fr.,
   net. 8 50
— Dormeuse éveillée. 12 fr., net . . . 9 »
— La Fiancée des Verts-Poteaux. 12 fr.,
   net 8 50
— Gillette de Narbonne. 12 fr., net . . 8 50
— Le Grand-Mogol. 12 fr., net. . . . 8 50
— La Mascotte. 12 fr., net. 8 50
— Miss Helyett. 12 fr., net. . . . . . 9 »
— Les Noces d'Olivette 12 fr., net. . . 8 50
— Serment d'amour. 12 fr., net. . . . 9 »

Berlioz. Béatrice et Bénédict. 12 fr., net 9 »
— Benvenuto Cellini 12 fr., net. . . . 9 »
— La Damnation de Faust. 20 fr., net. . 15 »

Berlioz. L'Enfance du Christ. 12 fr., net. 9 »
— Roméo et Juliette 12 fr., net. . . . 9 »
— Prise de Troye. 12 fr., net. 8 50
— Les Troyens à Carthage 15 fr., net. 10 50
— Les Troyens, édition conforme à la
   partition manuscrite déposée à la
   bibliothèque du Conservatoire 1889.
   25 fr., net. 15 50

Bernicat et Messager. François les
   Bas bleus. 12 fr., net. . . . . . 9 »

Bizet. L'Arlésienne. 7 fr., net. . . . 4 90
— Carmen. 20 fr., net. . . . . 14 »
   Cartonné, plat papier, net 15 50
— Djamileh. 8 fr., net. . . . . 6 »
— La Jolie Fille de Perth. 15 fr., net. . 10 50
— Les Pêcheurs de Perles. 15 fr., net. . 10 50

Boieldieu. La Dame Blanche.
   Format in-8°, 15 fr., net. 11 25
   Format in-4°, 10 fr., net 7 50
— Le Nouveau Seigneur. 8 fr., net . . 6 »

Canoby. La Coupe et les Lèvres. 20 fr.,
   net . . . . 15 »

Chabrier. Le Roi malgré lui. 20 fr., net. 15 »

David (F.). Le Désert. 7 fr., net. . . . 5 25
— Laïla-Roukh. 16 fr., net. . . . . . 12 »
— La Perle du Brésil. 20 fr., net. . . . 15 »

Delibes (Léo). Jean de Nivelle. 20 fr., . 15 »
— Lakmé. 20 fr., net . . . . 15 »
— Le Roi l'a dit. 15 fr., net. 11 25

Donizetti. Don Pasquale. 15 fr., net . . 10 50
— La Favorite. 15 fr., net. 10 50
— La Fille du Régiment. 15 fr., net. . . 11 25
— La Fille du Régiment, petit format.
   8 fr., net . . . . 6 »
— Lucie de Lammermoor. 15 fr., net. . 10 50

Flotow (De). Martha. 15 fr., net. . . . 11 25
— L'Ombre. 15 fr., net 11 25
— Stradella. 15 fr., net 11 25

Godard. Le Dante. 20 fr., net. . . . . 14 »
— Jocelyn. 15 fr., net. 10 50

Gounod. Cinq Mars. 20 fr., net. . . . . 14 »
— La Colombe. 12 fr., net. 8 50
— Les deux Reines. 10 fr., net . . . . 7 »
— Faust. 20 fr., net. **13 50**
    Cartonné, plat papier, net. . . . . 15 »
— Gallia. 7 fr., net 4 90
— Mireille. 15 fr., net. 10 50
— Nonne sanglante. 15 fr., net. . . . 10 50
— Philémon et Baucis. 15 fr., net. . . 10 50
    Cartonné, plat papier, net . . . . 12 »
— Polyeucte. 25 fr., net. 18 75
— Jeanne d'Arc. 12 fr., net. 8 50
— La Reine de Saba. 15 fr., net . . . 10 50
— Roméo et Juliette. 20 fr., net. . . . 14 »
— Sapho. 15 fr., net. 10 50
— Le Tribut de Zamora. 20 fr., net. . . 14 »

Grétry. Richard cœur de Lion. 10 fr.,
    net. 7 50

Halévy. Charles VI. 20 fr., net . . . . 15 »
— L'Éclair. 15 fr., net. 11 25
— La Juive. 25 fr., net 18 75
— Les Mousquetaires de la Reine. 15 fr.,
    net. 11 25
— La Reine de Chypre. 20 fr., net. . . 15 »
— Le Val d'Andore. 18 fr., net 13 50

Hérold. Le Pré aux Clercs. 15 fr., net. 10 50
— Zampa. 15 fr., net. 10 50

Hervé. La Cosaque. 7 fr., net. 5 25
— La Femme à l'apa. 7 fr., net. . . . 5 25
— Mam'zelle Gavroche. 7 fr., net . . . 5 25
— Mam'zelle Nitouche. 8 fr., net . . . 6 »

Joncières. Le Chevalier Jean. 20 fr.,
    net . . . . 14 »
— Dimitri. 20 fr., net. . . . . 14 »

Locoms. Jeanne, Jeannette, Jeanneton.
    12 fr., net . . . . 9 »
— Madame Boniface. 12 fr., net. . . . 9 »
— Ma Mie Rosette. 12 fr., net. . . . . 9 »
— Myrtille. 15 fr., net. 11 25
— La Nuit de la Saint-Jean. 8 fr., net. 6 »
— Les Saturnales. 12 fr., net. . . . . 9 »

Lalo. Le Roi d'Ys. 20 fr., net. . . . . 14 »

Lecocq. La Camargo. 15 fr., net . . . 10 50
— Les Ceuls Vierges. 12 fr., net . . . 9 »
— Le Cœur et la Main. 12 fr., net. . . 9 »
— La Fille de Mme Angot. 15 fr., net . 11 25
— Fleur de Thé. 10 fr., net. 7 50
— Giroflé-Girofla. 12 fr., net. . . . . 9 »
— La Jolie Persane. 12 fr., net . . . . 9 »
— Le Jour et la Nuit. 12 fr., net. . . . 9 »
— Les Jumeaux de Bergame. 8 fr., net. 6 »
— Kosiki. 12 fr., net. 8 50
— La Marjolaine. 12 fr., net. 8 50
— Le Petit Duc. 15 fr., net. 11 25
— La Petite Mademoiselle. 12 fr., net. 9 »
— La Petite Mariée. 12 fr., net. . . . 9 »
— Le Pompon. 12 fr., net. . . . . . . 9 »
— La Volière. 12 fr., net. . . . . . . 9 »

Litolff. Héloïse et Abélard. 15 fr., net. 11 25
— Les Templiers. 20 fr., net . . . . . 15 »

Maillard. Les Dragons de Villars. 15 fr.,
    net 11 25

Massé. Galathée. 12 fr., net 8 50
— Les Noces de Jeannette. 10 fr., net. 7 »
— Paul et Virginie. 20 fr., net . . . . 15 »
— Les Saisons. 15 fr., net. 10 50
— Une Nuit de Cléopâtre. 20 fr., net . 14 »

Massenet. Le Cid. 20 fr., net. . . . . 14 »
— Eve. 10 fr., net. . . . . 7 »
— Les Erynnies. 10 fr., net. . . . . . 7 »
— Esclarmonde. 20 fr., net . . . . . 14 »
— Hérodiade. 20 fr., net. . . . . . . 14 »
— Manon. 20 fr., net. . . . . 14 »
— Marie Magdeleine. 12 fr., net . . . 8 50
— La Vierge. 15 fr., net 10 50
— Le Roi de Lahore. 20 fr., net. . . . 14 »

Mermet. Roland à Roncevaux. 18 fr.,
    net 13 50
— Jeanne d'Arc. 15 fr., net 11 25

Messager. La Basoche. 20 fr., net . . **13 50**
— Le Bourgeois de Calais. 12 fr., net. 9 »
— La Fauvette du Temple. 12 fr., net. 9 »
— Isoline. 15 fr., net 11 25
— Le Mari de la Reine. 12 fr., net . . 9 »

Meyerbeer. L'Africaine. 20 fr., net . . 15 »
— L'Étoile du Nord. 20 fr., net. . . . 15 »
— Les Huguenots. 20 fr., net. . . . . 15 »
— Le Pardon de Ploërmel. 20 fr., net. 15 »
— Le Prophète. 20 fr., net . . . . . . 15 »
— Robert le Diable. 20 fr., net . . . . 15 »
— Struensée. 8 fr., net. . . . . 6 »

Mozart. Don Juan. 18 fr., net 13 50
— Les Noces de Figaro. 12 fr., net . . 9 »
— La Flûte enchantée. 15 fr., net. . . 11 25

Nicolo. Joconde. 12 fr., net. . . . . . 9 »
— Les Rende-vous Bourgeois. 8 fr., net. 6 »

Offenbach. La Belle Hélène. 12 fr., net. 9 »
— Belle Lurette. 12 fr., net . . . . . 9 »
— Boîte au lait. 12 fr., net. . . . . . 9 »
— La Chanson de Fortunio. 7 fr., net. 5 25
— M. Chouffleri. 5 fr., net. 3 75
— Les Contes d'Offmann. 15 fr., net. 10 50
— Les Deux Aveugles. 3 fr., net. . . . 2 25
— La Fille du Tambour-Major. 12 fr.,
    net 8 50
— La Grande Duchesse de Gérolstein.
    12 fr., net. . . . . 9 »
— La Jolie Parfumeuse. 12 fr., net. . 8 50
— Madame Favart. 12 fr., net. 8 50
— Orphée aux Enfers. 15 fr., net . . . 11 25
— La Périchole. 12 fr., net. . . . . . 9 »
— La Princesse de Trébizonde. 12 fr.,
    net . . . . 9 »
— La Vie Parisienne. 12 fr., net. . . . 9 »
— Le Violoneux. 6 fr., net. 4 50

Paër. Le Maître de Chapelle. 12 fr., net. 9 »

Paladhile. Diana. 15 fr., net. 10 50
— Suzanne. 15 fr., net. 10 50
— Patrie. 20 fr., net. . . . . 14 »

Planquette. Les Cloches de Corneville.
    12 fr., net . . . . 9 »
— Rip-Rip. 12 fr., net. 8 50

Poise. Amour médecin. 10 fr., net . . 7 50
— Joli Gille. 10 fr., net. 7 50
— Surprise de l'amour. 8 fr., net. . . . 6 »

Pugno. Le Valet de Cœur. 12 fr., net . .   8 50
— Le Retour d'Ulysse. 12 fr., net . . .   8 50
Reyer. Maître Wolfram 8 fr., net. . . .   6 »
— Salammbô 20 fr., net. . . . . .   14 »
— **Sigurd**. 20 fr., net. **13 50**
— La Statue. 20 fr., net . . . . . .   14 »
Roger. Joséphine vendue par ses Sœurs.
    12 fr., net 8 50
Rosenlecker. Légende de l'Ondine.
    20 fr , net . . . .   15 »
Rossini. Le Barbier de Séville. 12 fr.,
    net . . . .   9 »
— Le Comte Ory. 15 fr., net 11 25
— Guillaume Tell. 20 fr., net . . . .   14 »
— Moïse. 20 fr., net. . . . . . .   15 »
— Othello. 10 fr., net 7 50
— Le Siège de Corinthe. 20 fr., net. . .   15 »
— Stabat Mater. 8 fr , net. . . . .   6 »
Rubinstein. Le Démon. 20 fr., net. . .   15 »
Saint-Saëns. Ascanio. 20 fr., net. . .   15 »
— Etienne Marcel. 20 fr., net . . . .   15 »
— Henri VIII. 20 fr., net. . . . .   15 »
— Proserpine. 15 fr., net 11 25
— Samson et Dalila. 20 fr., net. . . .   15 »
Salvayre Le Bravo. 20 fr , net . . . .   15 »
— Egmont. 20 fr., net. . . . . .   14 »
Thomas (A). Le Caïd. 15 fr., net. . .   11 25
— Françoise de Rimini. 20 fr., net . . .   15 »
— Hamlet. 20 fr., net . . . . . .   15 »
— Mignon. 20 fr., net . . . . . .   15 »
— Psyché 20 fr., net . . . . . .   15 »
— Le Songe d'une Nuit d'été. 20 fr., net.   15 »

Varney. L'Amour mouillé. 12 fr., net. .   8 50
— Babolin. 12 fr., net. 8 50
— Dix Jours aux Pyrénées 12 fr., net. .   8 50
— Faufan la Tulipe. 12 fr., net. . . .   8 50
— Les Mousquetaires au Couvent. 12 fr.,
    net. 8 50
— Les Petits Mousquetaires. 12 fr., net.   8 50
— Riquet à la Houpe. 12 fr., net . . .   8 50
— La Vénus d'Arles. 12. fr., net. . . .   8 50
Vasseur. Le Billet de Logement. 12 fr.,
    net 8 50
— Le Droit du Seigneur. 12 fr., net. . .   8 50
— Le Mariage au Tambour. 12 fr., net.   8 50
— La Timbale d'argent. 12 fr., net. . .   8 50
Verdi. Aïda. 20 fr., net . . . . . .   14 »
— Le Bal masqué. 20 fr., net . . . .   15 »
— Rigoletto. 20 fr , net . . . . .   14 »
— Otello. 20 fr., net. . . . . .   15 »
— La Traviata (Violetta). 20 fr., net. . .   15 »
— Le Trouvère. 20 fr., net . . . . .   15 »
Weber. Le Freyschütz. 12 fr., net . . .   9 »
— Euryante. 10 fr., net 7 50
— Obéron. 8 fr., net . . . . . .   6 »
Wagner. Les Maîtres chanteurs. 20 fr.,
    net . . . .   15 »
— Lohengrin. 20 fr., net . . . . .   15 »
— L'or du Rhin. 20 fr., net. . . . .   15 »
— Rienzi. 20 fr., net . . . . . .   15 »
— Siegfred 20 fr., net . . . . . .   15 »
— Tannhauser 20 fr., net . . . . .   15 »
— Tristan et Yseult 20 fr., net. . . .   15 »
— Le Vaisseau-Fantôme. 15 fr., net. . .   11 25
— La Valkyrie. 20 fr., net . . . . .   15 »

LES

SUCCÈS DU CHANTEUR

NOUVELLE COLLECTION DE MORCEAUX SANS ACCOMPAGNEMENT

CHANSONS ET CHANSONNETTES	MÉLODIES ET AIRS D'OPÉRAS
1 vol. in-4°.	1 vol. in-4°.
Au lieu de 5 fr., net. **3 fr.**	Au lieu de 5 fr., net. **3 fr.**

LA CZARINE

Mazurka russe par Louis GANNE, pour piano.

Au lieu de 5 fr., net . . . . . **1 fr. 25**

LA COUPE DU ROI DE THULÉ

Par DIAZ

Piano et chant. — Au lieu de 20 fr., net . . . . **14 fr.**

RECUEILS DE MÉLODIES
PIANO ET CHANT

Bizet (G.). Recueil de 20 mélodies. 1 vol. 10 fr.
net . . . . 6 fr. 75
Edition A. Mezzo soprano ou baryton.
Edition B. Soprano ou ténor.
— Œuvres posthumes, 9 mélodies et 2 duos. 1 vol.
(2 tons) 10 fr., net . . . . 7 fr. 50
Faure (J.). Recueil de mélodies, en 3 vol. Chacun
10 fr., net . . . . 7 fr. 50
Edition A. pour baryton.
Edition B, pour ténor.
Gounod (Ch.). Recueil de ses mélodies :
A. Edition mezzo-soprano ou baryton. 4 vol. Cha-
cun 10 fr., net . . . . 6 fr. 75
B. Edition soprano ou ténor. 4 vol. Chacun 10 fr.,
net . . . . 6 fr. 75
C. Edition contralto ou basse. 4 vol. Chacun
10 fr., net . . . . 6 fr. 75
Massenet (J.). Recueil de 40 mélodies en 2 vol.
Chaque 10 fr., net . . . . 6 fr. 75
N° A. Ténor ou soprano.
N° B. Baryton ou mezzo-soprano.

Massenet (J.). Poème d'avril. Scènes d'Armand
Silvestre. 5 fr., net . . . . 3 fr. 75
— Poème du Souvenir. Scènes d'Armand Silvestre.
5 fr., net . . . . 3 fr. 75
— Poème pastoral. Scènes de Florian et d'A. Silvestre 5 fr., net . . . . 3 fr. 75
— Poème d'Octobre. Scènes de Paul Collin. 5 fr.,
net . . . . 3 fr. 75
— Poème d'Amour. Scènes de Paul Robiquet. 5 fr.,
net . . . . 3 fr. 75
— Poème d'hiver Scènes d'Armand Silvestre. 5 fr.,
net . . . . 3 fr. 75
Meyerbeer. 40 mélodies à une et à plusieurs
voix, paroles françaises et allemandes 15 fr.,
net . . . . 11 fr. 25
Schubert (François). 40 mélodies choisies, paroles allemandes et français s. 7 fr., net. 5 fr. 25
Schumann (Robert) 50 mélodies avec texte allemand et traduction françaises par Jules Barbier.
10 fr., net . . . . 7 fr. 50
— 62 mélodies, avec texte original et paroles françaises par Amédée Boutarel. 8 fr., net. . . 6 fr.

LE PLUS GRAND SUCCÈS DE L'ANNÉE
COLLECTION FRANÇAISE

Comprenant les Mélodies des auteurs les plus connus. Format in-4°.
Au lieu de 8 et 10 fr., net. 1 fr. 35 le volume.

50 chansons et mélodies de tous les pays,
de divers auteurs.
Plaisir d'amour de Martini.
Santa Lucia.
Pauvre Jacques.
Ma Marseillaise.
Le Chant du Départ, etc.

SCHUBERT
25 mélodies célèbres pour voix élevées.
Le Roi des Aulnes.
L'Éloge des larmes.
L'Adieu.
La Jeune mère.
La Truite.
Marguerite au rouet, etc.

MENDELSSOHN
14 duos.
Chant d'Amour.
Chant d'Automne.
Chant du Soir.
La Sérénade.
Le Retour, etc.

SCHUBERT
25 mélodies célèbres pour voix graves.
Le Roi des Aulnes.
Les Plaintes de la jeune fille
Le Voyageur.
Le Nautonier.
Chant du Vieillard.
Au Printemps, etc.

SCHUMANN
26 mélodies célèbres. Nouvelle édition. Paroles françaises par AMÉDÉE BOUTAREL. 1 vol.

BIBLIOTHÈQUE LYRIQUE
PARTITIONS COMPLÈTES — CHANT ET PIANO — PAROLES FRANÇAISES
Prix de chaque partition : 3 fr., net . . . . 2 fr. 25

1. Bellini . . . . . . Norma.
2. Mozart . . . . . Les Noces de Figaro.
3. Rossini . . . . . Le Barbier de Séville.
4. Mozart . . . . . Don Juan.
5. Rossini . . . . . L'Italienne à Alger.
6. Weber . . . . . Freischütz.
7. Rossini . . . . . Sémiramis.
8. Mozart . . . . . La Flûte enchantée.
9. Rossini . . . . . Isabelle (Inganno felice).
10. Mehul . . . . . Joseph.
11. Bellini . . . . . La Somnambule.
12. Weber . . . . . Obéron
13. Meyerbeer . . . Le Croisé en Egypte.
14. Bellini . . . . . La Straniera (l'Étrangère)
15. Boieldieu . . . . Jean de Paris.
16. Donizetti . . . . Anna Bolena.
17. A. Adam . . . . Le Bijou perdu.
18. Grétry . . . . . Richard Cœur de Lion.
19. Cimarosa . . . . Le Mariage secret.
20. Monsigny . . . . Le Déserteur.

ALBUM DE CHANT
1 volume in-4°. — Prix : 10 fr., net . . . . 5 fr.

Gounod . . . . . Faust (Romance).
Bizet . . . . . . Carmen (Air).
Gounod . . . . . Faust (Cavatine).
Offenbach . . . . Contes d'Hoffmann (Duo).
Gounod . . . . . Roméo et Juliette (Sérénade).
Bizet . . . . . . Carmen (C. blatale).
Gounod . . . . . Mireille (Cavatine).
David (F.). . . . Où vas-tu beau nuage ?
Gounod . . . . . Philémon et Baucis (Romance).
Audran . . . . . Duo du Grand Mogol.
Gounod . . . . . Faust (Air de Marguerite).
Duran . . . . . . Comme à vingt ans.
Gounod . . . . . Faust (Chant des Vieillards).
Bizet . . . . . . Dans les bois.
Gounod . . . . . Le Soir.
Audran . . . . . La Mascotte (Ballade).
Massé . . . . . . Rozette (Villanelle).
Bérat . . . . . . Ma Normandie.
Reyer . . . . . . A la fontaine.
Gounod . . . . . Où voulez-vous aller ?

SOUVENIR DE L'EXPOSITION UNIVERSELLE DE PARIS 1889
12 Romances roumaines, avec paroles françaises. Au lieu de 5 fr., net . . . . . 3 fr. 75

PARTITIONS COMPLÈTES
D'OPÉRAS, D'OPÉRAS-COMIQUES ET D'OPÉRETTES
Paroles et musique sans accompagnement.

ÉDITION POPULAIRE. — FORMAT DE POCHE

Adam. Le Chalet. 2 fr. 50, net 1 90
— Giralda. 4 fr., net . . . . 3 »
— Le Postillon de Longjumeau. 4 fr., net. 3 »
— Si J'étais Roi. 3 fr., net 2 25
— Le Sourd. 3 fr., net 2 25
Auber. Les Diamants de la Couronne.
    4 fr., net . . . . 3 »
— Le Domino noir. 4 fr., net . . . . . 3 »
— Fra Diavolo. 4 fr., net . . . . . . 3 »
— Haydée. 4 fr., net . . . . 3 »
— Le Maçon. 3 fr., net 2 25
— La Muette de Portici. 5 fr., net . . 3 75
— La Part du Diable. 4 fr., net . . . . 3 »
Audran. La Cigale et la Fourmi. 3 fr., net. 2 10
— Gillette de Narbonne. 3 fr., net . . 2 10
— Le Grand Mogol. 3 fr., net 2 10
— La Mascotte. 3 fr., net 2 10
— Serment d'amour. 3 fr., net 2 10
Bazin. Le Voyage en Chine. 4 fr., net. . . 3 »
Bernicat. François les Bas bleus. 3 fr.,
    net 2 25
Bizet. Carmen. 4 fr., net 2 75
— La Jolie Fille de Perth. 4 fr., net. . . 2 75
— Les Pêcheurs de Perles. 4 fr., net. . 2 75
Boïeldieu. La Dame Blanche. 4 fr., net . 3 »
Clapisson. La Fanchonnette. 4 fr., net. . 3 »
Delibes. Lakmé. 4 fr., net . . . . . 3 »
Diaz. La Coupe du roi de Thulé. 3 fr., net 2 25
Donizetti. Don Pasquale. 3 fr., net. . . 2 25
— La Favorite. 3 fr., net. 2 25
— La Fille du Régiment. 3 fr. 50, net. 2 65
— Lucie de Lammermoor. 3 fr., net . . 2 25
Flotow. Martha. 4 fr., net . . . . . 3 »
— L'Ombre. 4 fr., net. . . . . . . 3 »
Gounod. Cinq-Mars. 3 fr., net 2 25
— Faust. 4 fr., net 2 75
— Mireille. 4 fr., net 2 75
— Philémon et Baucis. 3 fr., net. . . 2 10
— Polyeucte. 4 fr., net . . . . . . 3 »
— Roméo et Juliette. 4 fr., net . . . 2 75
— Le Tribut de Zamora. 4 fr., net. . . 2 75
Halévy. Charles VI. 4 fr., net. . . . . 3 »
— L'Éclair. 3 fr., net. 2 25
— La Juive. 4 fr., net. . . . . . . 3 »
— Les Mousquetaires de la Reine. 3 fr. 50,
    net. 2 65
— La Reine de Chypre. 4 fr., net . . . 3 »
— Le Val d'Andorre. 4 fr., net . . . . 3 »
Hérold. Pré-aux-Clercs. 3 fr., net. . . 2 25
— Zampa. 3 fr., net. 2 25
Hervé. Mam'zelle Nitouche. 2 fr., net. . 1 50
— Petit Faust. 3 fr., net 2 25
Lalo. Le Roi d'Ys. 3 fr., net. 2 25
Lecocq. Les Cent Vierges. 4 fr., net. . . 3 »
— Le Cœur et la Main. 4 fr., net. . . 3 »
— La Fille de Mme Angot. 4 fr., net. . 3 »
— Fleur-de-Thé. 4 fr., net. . . . . . 3 »
— Giroflé-Girofla. 4 fr., net. . . . . 3 »
— Le Jour et la Nuit. 4 fr., net. . . . 3 »
— Le Petit Duc. 4 fr., net . . . . . 3 »
— La Petite Mariée. 4 fr., net . . . . 3 »
— La Princesse des Canaries. 3 fr., net. 2 10

Maillart. Les Dragons de Villars. 4 fr.,
    net. . . . . 3 »
Massé. Galathée. 2 fr. 50, net 1 90
— Les Noces de Jeannette. 2 fr., net. . 1 50
— La Reine Topaze. 3 fr. 50, net . . 2 65
— Une Nuit de Cléopâtre. 3 fr., net. . 2 25
Massenet. Le Cid. 4 fr., net. . . . . 3 »
— Esclarmonde. 4 fr., net . . . . . 3 »
— Hérodiade. 4 fr., net . . . . . . 3 »
— Manon. 4 fr., net . . . . 3 »
— Le Roi de Lahore. 4 fr., net. . . . 3 »
Messager. La Basoche. 4 fr., net. . . . 2 75
— La Fauvette du Temple. 3 fr., net. . 2 25
Meyerbeer. L'Africaine. 5 fr., net. . . 3 75
— Les Huguenots. 5 fr., net. 3 75
— L'Étoile du Nord. 5 fr., net. . . . 3 75
— Le Pardon de Ploërmel. 4 fr., net. . 3 »
— Robert le Diable. 5 fr., net. . . . 3 75
— Le Prophète. 5 fr., net. 3 75
Mozart. La Flûte enchantée. 4 fr., net. . 3 »
Offenbach. Barbe-Bleue. 3 fr., net . . 2 25
— Belle Hélène. 3 fr., net. 2 25
— Les Contes d'Hoffmann. 4 fr., net . 2 75
— La Fille du tambour-major. 3 fr., net. 2 10
— La Grande-Duchesse. 4 fr., net. . . 3 »
— Madame Favart. 3 fr., net 2 10
— Orphée aux enfers. 3 fr., net. . . . 2 25
— La Périchole. 4 fr., net . . . . . 3 »
— La Princesse de Trébizonde. 4 fr., net. 3 »
— Le Violoneux et les Deux Aveugles.
    3 fr., net. 2 25
Paladilhe. Patrie. 4 fr., net. 2 75
Planquette. Les Cloches de Corneville.
    4 fr., net. . . . . 3 »
— Rip-Rip. 3 fr., net 2 10
Poise. Jolie Gilles, 3 fr., net 2 25
Reyer. Salambô. 4 fr., net. 2 75
— Sigurd. 4 fr., net. . . . . 3 »
Roger. Joséphine vendue par ses sœurs.
    3 fr., net. 2 10
Rossini. Guillaume Tell. 4 fr., net . . . 3 »
— Le Comte Ory. 5 fr., net. 3 75
Saint-Saëns. Ascanio. 4 fr., net . . . 3 »
— Samson et Dalila. 3 fr., net 2 25
Salvayre. Le Bravo, 3 fr. 50, net. . . 2 65
Thomas. Hamlet. 4 fr., net. . . . . . 3 »
— Mignon. 4 fr., net . . . . 3 »
— Françoise de Rimini. 4 fr., net . . . 3 »
— Le Caïd. 4 fr., net. . . . . 3 »
— Le Songe d'une Nuit d'été. 4 fr., net. 3 »
Varney. L'Amour mouillé. 3 fr., net . . 2 10
— Babolin. 3 fr., net 2 10
— Les Mousquetaires au couvent. 3 fr., net 2 10
— Les Petits Mousquetaires. 3 fr., net. 2 10
Vasseur. La Timbale d'argent. 3 fr., net. 2 10
Verdi. Rigoletto. 4 fr., net . . . . . 3 »
— Le Bal masqué. 4 fr., net . . . . 3 »
— Aïda. 4 fr., net . . . . 3 »
— Ernani. 4 fr., net . . . . 3 »
— Jérusalem. 4 fr., net. . . . . . . 3 »
— Le Trouvère. 4 fr., net. . . . . . 3 »
— Violetta (La Traviata). 4 fr., net . . 3 »

MUSIQUE POUR PIANO

PARTITIONS ET RECUEILS POUR PIANO SEUL

Adam (A.). Giralda. 10 fr., net 7 50
— Le Postillon de Longjumeau. 10 fr., net 7 50
— Le Chalet. 6 fr., net 4 50
Auber. Les Diamants de la couronne.
    10 fr., net 7 50
— Le Domino noir. 8 fr., net . . . . . . 6 »
— Fra Diavolo. 10 fr., net 7 50
— Haydée 8 fr., net . . . . 6 »
— La Muette de Portici. 10 fr., net . . . 7 50
— La Part du Diable. 8 fr., net . . . . . 6 »
Audran La Cigale et la Fourmi. 8 fr., net. 6 »
— Gillette de Narbonne. 8 fr., net . . . . 6 »
— Le Grand Mogol. 8 fr., net . . . . . . 6 »
— La Mascotte. 8 fr., net . . . . 6 »
Berlioz. Damnation de Faust. 12 fr., net. 9 »
— Symphonie fantastique réduite pour
    piano seul, par Liszt, format in-4°.
    12 fr., net . . . . 9 »
Bizet. Carmen. 12 fr., net 8 50
— L'Arlésienne. 5 fr., net 3 75
— Roma. 5 fr., net 3 75
— Jolie fille de Perth. 10 fr., net . . . 7 »
— Les Pêcheurs de Perles. 10 fr., net . . 7 »
David Le Désert. 10 fr., net 7 50
— La Perle du Brésil. 10 fr., net 7 50
Delibes Jean de Nivelle. 12 fr., net . . 9 »
— Lakmé. 10 fr., net 7 50
— Le Roi l'a dit. 10 fr., net 7 50
— Coppélia, ballet. 10 fr., net 7 50
— Sylvia, ballet. 10 fr., net 7 50
— La Source, ballet. 10 fr., net 7 50
— Scène de bal du Roi s'amuse. 4 fr., net 3 »
Donizetti. La Fille du régiment. 10 fr., net 7 50
— La Favorite. 10 fr., net 7 50
— Lucie de Lammermoor. 8 fr., net . . . 6 »
Dubois (Th.). La Farandole. 10 fr., net. 7 50
Fahrbach. Les Soirées de Pesth. 30 danses
    choisies du célèbre cappelmeister
    hongrois. 1 vol. in-8, ornée du por-
    trait de l'auteur, 10 fr., net 7 50
— Soirées parisiennes. 30 danses choisies.
    1 vol. in-8, 10 fr., net 7 50
— Les Soirées viennoises. 30 danses choi-
    sies. 1 vol. in-8. 10 fr., net 7 50
— Les Soirées de Pétersbourg. 30 danses
    choisies 1 vol. in-8. 10 fr., net . . . 7 50
— Les Soirées de Londres. 30 danses choi-
    sies. 1 vol. in 8. 10 fr., net 7 50
Flotow (De). Martha. 10 fr., net 7 50
— L'Ombre. 10 fr., net 7 50
Gounod. La Colombe. 7 fr., net . . . . . 5 »
— Faust. 10 fr., net . . . . 7 »
— Faust, ballet. 5 fr., net 3 75
— Jeanne d'Arc. 8 fr., net . . . . 6 »
— Gallia, lamentations. 3 fr., net 2 25
— Mireille. 10 fr., net . . . . 7 »
— Philémon et Baucis. 10 fr., net . . . . 7 »
— La Reine de Saba. 10 fr., net . . . . . 7 »
— Roméo et Juliette. 10 fr., net . . . . . 7 »
— Tribut de Zamora 10 fr., net . . . . . 7 »
— Tribut de Zamora, ballet. 3 fr., net . . 2 25
Gungl. Célèbre répertoire. 3 volumes :
    Chants de printemps. 1 vol. 10 fr., net 7 50
— Chants d'été 1 vol. 10 fr., net 7 50
— Chants d'automne. 1 vol. 10 fr., net. 7 50
Halévy (F.). Charles VI. 12 fr., net . . 9 »
— L'Éclair. 8 fr., net . . . . 6 »
— La Juive. 12 fr., net . . . . 9 »
— Les Mousquetaires de la Reine. 8 fr., net 6 »
— La Reine de Chypre. 12 fr., net . . . . 9 »
— Le Val d'Andorre. 8 fr., net . . . . . 6 »
Hérold (F.). Le Pré-aux-Clercs. 10 fr., net 7 50
— Zampa. 10 fr., net 7 50
Lalo. Le Roi d'Ys. 10 fr., net 7 50
Lecocq. Le Cœur et la Main. 8 fr., net. 6 »
— Le Jour et la Nuit. 8 fr., net . . . . . 6 »

Lecocq. Les Cent Vierges. 8 fr., net . . . 6 »
— La Fille de Mme Angot. 8 fr., net . . . 6 »
— Giroflé-Girofla. 8 fr., net . . . . . . 6 »
— La Petite Mariée. 8 fr., net . . . . . 6 »
— Le Petit Duc. 10 fr., net 7 50
Maillart (A.). Les Dragons de Villars.
    10 fr., net 7 50
Massé (V.). Galathée. 7 fr., net 5 25
— Les Noces de Jeannette. 6 fr., net . . . 4 50
— Paul et Virginie. 12 fr., net . . . . . 9 »
Massenet. Le Cid. 12 fr., net . . . . . . 9 »
— Esclarmonde. 12 fr., net . . . . 9 »
— Hérodiade. 12 fr., net . . . . 9 »
— Manon. 10 fr., net 7 50
— Le Roi de Lahore. 12 fr., net . . . . . 9 »
Messager. La Basoche. 10 fr., net . . . . 7 »
Métra (O.). Danses choisies en 3 vol.,
    chacun 10 fr., net 7 50
Meyerbeer. L'Africaine. 12 fr., net . . . 9 »
— L'Étoile du Nord. 10 fr., net 7 50
— Les Huguenots. 12 fr., net . . . . . . 9 »
— Le Pardon de Ploërmel. 10 fr., net . . 7 50
— Le Prophète. 12 fr., net . . . . 9 »
— Robert le Diable. 12 fr., net . . . . . 9 »
Offenbach. Les Contes d'Hoffmann. 10 fr.,
    net 7 50
— La Fille du tambour-major. 8 fr., net. 6 »
— La Belle Hélène. 7 fr., net 5 25
— La Grande-Duchesse de Gérolstein.
    8 fr., net . . . . 6 »
— Madame Favart. 8 fr., net . . . . . . 6 »
— La Périchole. 8 fr., net . . . . 6 »
— La Princesse de Trébizonde. 8 fr., net. 6 »
— Orphée aux enfers. 7 fr., net 5 25
Paladilhe. Patrie! 12 fr., net 8 50
Planquette. Cloches de Corneville. 10 fr.,
    net 7 50
— Rip Rip. 8 fr., net . . . . 6 »
Reyer. Sigurd. 12 fr., net . . . . 9 »
Roger (V.). Joséphine vendue par ses
    sœurs. 8 fr., net . . . . 6 »
Rossini. Le Barbier de Séville. 2 fr., net. 1 50
— Le Comte Ory. 12 fr., net . . . . . . 9 »
— Guillaume Tell, opéra en 4 actes. 12 fr.,
    net . . . . 9 »
— Stabat Mater. 7 fr., net 5 25
Saint-Saëns. Ascanio. 12 fr., net . . . . 9 »
— Henri VIII. 12 fr., net . . . . 9 »
— Samson et Dalila. 10 fr., net 7 50
Salvayre Le Bravo. 12 fr., net . . . . . 9 »
Strauss (Joseph-Edouard-Johann). Bals et
    Concerts de Vienne, célèbre réper-
    toire en 4 volumes. Chacun 10 fr.,
    net 7 50
Strobl. Les Heures de loisir, 30 danses
    choisies, avec portraits de l'auteur.
    1 vol. in-8. 10 fr., net 7 50
Thomas Mignon. 10 fr., net 7 50
— Hamlet. 12 fr., net . . . . 9 »
— Le Caïd. 10 fr., net 7 50
— Le Songe d'une Nuit d'été. 10 fr., net. 7 50
— Françoise de Rimini. 12 fr., net . . . . 9 »
Varney. L'Amour mouillé. 8 fr., net . . . 6 »
— Les Mousquetaires au couvent. 8 fr., net 6 »
— Fanfan la Tulipe. 8 fr., net . . . . . . 6 »
— Les Petits Mousquetaires. 8 fr., net . . 6 »
Verdi Aïda. Nouvelle édition in-8. 12 fr.,
    net . . . . 9 »
— Aïda. Format in-4. 15 fr., net 11 25
— Rigoletto. 10 fr., net 7 50
— Le Trouvère. In-4. 10 fr., net 7 50
— La Traviata (Violetta). In-4. 10 fr., net. 7 50
Wagner. Lohengrin 10 fr., net 7 50
— Tannhäuser. 10 fr., net 7 50
Waldteufel. Danses choisies en 4 vol.
    Chacun 10 fr., net 7 50

ÉDITION BIJOU

CONTENANT

LES OPÉRAS CÉLÈBRES ET LES MEILLEURS OUVRAGES CLASSIQUES ET MODERNES

POUR PIANO SEUL

Chaque volume 1 fr. 50, net. . . . . 1 fr. 10

1 Rossini. . . .	Le Barbier de Séville.	
2 Bellini. . . .	Norma.	
3 Mozart. . . .	La Flûte enchantée.	
4 Weber. . . .	Oberon.	
5 Mozart. . . .	Don Juan.	
6 Donizetti. . .	L'Elisire d'Amore.	
7 Bellini. . . .	Les Puritains.	
8 Rossini . . .	Semiramis.	
9 Weber . . .	Robin des Bois (Freyschutz).	
10 Bellini . . .	La Somnambule.	
11 Mozart. . . .	Les Noces de Figaro.	
12 Bellini . . .	La Straniera.	
13 Adam. . . .	Si j'étais roi.	
14 Chopin . . .	Valses (Recueil complet).	
15 Divers . . .	12 ouvertures cél. (1er vol.).	
16 Adam. . . .	Le Bijou perdu.	
17 Paesielo. . .	Il Barbiere di Siviglia.	
18 Rossini . . .	Otello.	
19 Beethoven . .	Fidélio.	
20 Weber . . .	Euriante.	
21 Schubert. . .	50 Mélodies (1er vol.).	
22 Marcailhou. .	24 valses choisies (complet).	
23 Donizetti. .	Anna Bolena.	
24 Rossini. . .	L'Italienne à Alger.	
25 Meyerbeer. .	Il Crociato.	
26 Boieldieu. .	Jean de Paris.	
27 Gretry . . .	Richard Cœur de Lion.	
28 Rossini. . .	Moïse.	
29 Chopin . . .	Mazurkas, compl. (1er vol.).	
30 —	Mazurkas, id 2e vol.).	
31 Gluck. . . .	Iphigénie en Aulide	
32 —	Iphigénie en Tauride.	
33 Rossini. . .	La Gazza Ladra.	
34 Mehul. . . .	Joseph.	
35 Mozart. . .	19 Sonates (1er vol.).	
36 —	— (2e vol.).	
37 —	— (3e vol.).	
38 Mendelssohn.	Songe d'une nuit d'été.	
39 Divers. . .	12 Ouvertures cél. (2e vol.).	
40 Schubert. .	50 Mélodies (2e vol.).	
41 Thomas. . .	Mina.	
42 Haydn. . .	1er à 4e Symphonies (1er vol.).	
43 —	5e à 8e — (2e vol.)	
44 Haydn. . . .	9e à 12e —	(3e vol.)
45 —	13e à 16e —	(4e vol.)
46 —	17e à 20e —	(5e vol.)
47 —	21e à 24e —	(6e vol.)
48 Beethoven. .	38e Sonates (1er vol.).	
49 —	—	(2e vol.)
50 —	—	(3e vol.)
51 —	—	(4e vol.)
52 —	—	(5e vol.)
53 —	—	(6e vol.)
54 Bellini . . .	Roméo et Juliette.	
55 Mercadante .	La Vestale.	
56 Divers . . .	Le Trésor de la danse (1er vol.).	
57 Samuel David.	Mlle Sylvia.	
58 Beethoven. .	1er, 2e Symphonies (1er vol.).	
59 —	3e, 4e —	(2e vol.)
60 —	5e, 6e —	(3e vol.)
61 —	7e, 8e —	(4e vol.)
62 —	9e —	(5e vol.)
63 Gluck. . . .	Armide.	
64 Chopin . . .	Nocturnes (Recueil complet).	
65 Strauss (de Vienne).	15 Suites Valses (1er vol.).	
66 Mozart. . .	15 Symphonies (1er vol.).	
67 —	—	(2e vol.)
68 —	—	(3e vol.)
69 —	—	(4e vol.)
70 Divers. . .	50 Chants nat. (tous les pays).	
71 Mozart. . .	L'Enlèvement au Sérail.	
72 Labitzki . .	15 Suites Valses (1er vol.).	
73 Botte (Adolp.)	OEuvres choisies.	
74 Gretry . . .	Zemire et Azor.	
75 Rossini. . .	La Donna del Lago.	
76 Clementi. .	12 Sonatines.	
77 Pessard. . .	La Cruche cassée.	
78 Field . . .	Nocturnes (Collect. compl.).	
79 Strauss (de Vienne).	15 Suites Valses (2e vol.)	
80 Chopin . . .	Polonaises (Collec. compl.).	
81 Divers . . .	12 Ouvertures cél. 3e vol.).	
82 Samuel David	Symphonies (1er vol.).	
83 —	— (2e vol.).	
84 Divers. . .	Le Trésor de la Danse (2e vol.).	
85 Mendelssohn.	Romances sans paroles.	

LES SUCCÈS DE L'ANNÉE

ÉDITION FRANÇAISE

Au lieu de 8 et 10 fr., net. . . . . 1 fr. 35

PARTITIONS PIANO SEUL

Bellini.	La Norma.	1 vol.	Mozart.	Le Don Juan	1 vol.
—	Les Puritains.	1 vol.	—	La Flûte enchantée	1 vol.
—	La Somnambule.	1 vol.	—	Les Noces de Figaro. . .	1 vol.
Donizetti.	Lucie de Lammermoor . . .	1 vol.	Rossini.	Le Barbier de Séville. . . .	1 vol.
—	Lucrèce Borgia	1 vol.	—	Othello	1 vol.
Mehul.	Joseph.	1 vol.	Weber.	Le Freischütz	1 vol.

D. CRAMER. — Méthode de piano élémentaire et progressive à l'usage
des commençants. — 1 volume.

CHOPIN. — Valses célèbres. — 1 volume.

ÉDITION FRANÇAISE DES CLASSIQUES DU PIANO

1 beau vol. broché, format in-4°, au lieu de **15** fr., net . . . . . . **2 fr. 50**

Haydn	Sonate en *ut* majeur.	Pændel	Chaconne variée.
Mozart	Marche turque.	Weber . . .	Sonatine en *ut*.
Beethoven .	Trois sonatines en *sol, ut* et *fa*.	Haydn	Ariette variée, *mi bémol*.
Mozart	Variations sur un thème connu.	Hummel . .	Rondeau villageois.
Scarlatti . .	Cinq Pièces célèbres.	Beethoven . .	Sonate en *fa* mineur.
Dussek	Sonatine en *sol*.	Haydn	Menuet du bœuf.
Clementi . .	Sonate en *si bémol*.	Field	Rondeau, *Midi*.
Bach	Deux Gavottes favorites.		

ALBUM DE PIANO
FORCE MOYENNE

Contenant *L'Arlésienne, Le Grand Mogol, Ripp, Les Petits Mousquetaires*, la valse de *Mireille*. Un album in-4, **10** fr., net . . . . . . **5** fr.

ALBUM DE PIANO

Contenant 12 morceaux de J. MASSENET, E. REYER, E. PALADILHE, B. GODARD, E. BOURGEOIS, sur *Le Cid*, la sérénade du *Passant, Hérodiade, Manon, Sigurd, Suzanne*, au lieu de **5** fr., net . . . . **2 fr. 75**

PETIT ALBUM DES GRANDS SUCCÈS MODERNES

Contenant 21 morceaux de moyenne force sur des motifs d'opéras de *Carmen, Faust, Le Grand Mogol, Mireille*, etc.

1 album richement relié, au lieu de **6** fr., net . . . . **3** fr.

CONTES ET FABLES

12 petits morceaux très faciles pour piano (danses, fantaisies, transpositions d'opéras, par HOFFMANN). — Un album in-4, au lieu de **5** fr., net . . . . . **2 fr. 50**

ALBUM DE PIANO

30 morceaux de piano, faciles, dont 5 à quatre mains, des meilleurs auteurs, au lieu de **7** fr., net . . . . **3 fr. 50**

ALBUM DE DANSES

30 danses choisies, dont 5 à quatre mains, des meilleurs auteurs, au lieu de **7** fr., net . . . . **3 fr. 50**

ÉDITION DE LUXE
ŒUVRES DE MENDELSSOHN
POUR PIANO SEUL EN SIX VOLUMES FORMAT IN-4°

I. Cahier. 48 romances sans paroles. 3 fr., net . . . . **2 »**

II. Cahier. Capriccio, op. 5; Sonate, op. 6; 7 pièces caractéristiques, op. 7; Rondo capricio, op. 14; Fantaisies, op. 15; 3 Fantaisies ou Caprices, op. 15; Fantaisie, op. 28; Andante cantabile et Presto agitato; Etude et Scherzo; Chanson de la Gondole; Scherzo et capricio. 3 fr., net . . . **2 »**

III. Cahier. 3 Caprices, 6 Préludes, 6 Fugues; 17 Variations sérieuses. Songe d'une Nuit d'été; Scherzo, p. 61; Intermezzo; Nocturne; Marche des fiançailles; 6 Pièces d'enfants; Marche guerrière des prêtres d'Atalie, op. 74; Variation, op. 82; Variation, op. 83; Le Retour de l'Etranger, op. 89. 3 fr., net . . . . **2 »**

IV. Cahier. 3 Préludes et 3 Etudes, op. 104; Sonate, op. 105; Sonate, op. 106; Feuilles d'Album (Romances sans paroles), op. 117; Capricio, op. 118; Perpetuum mobile, op. 119; Préludes et Fugues; 2 Pièces. 3 fr., net . . . . **2 »**

V. Cahier. Tous les morceaux de Concert avec Orchestre, arrangés pour piano seul : Caprice brillant, op. 22; Premier Concert, op. 25; Rondeau brillant, op. 29; Deuxième Concert, op. 40; Sérénade et Allegro giocoso. 3 fr., net . . . . **2 »**

VI. Cahier. Toutes les Ouvertures : Songe d'une Nuit d'été; de la Grotte de Fingal; du Calme de la Mer; de la Belle Mélusine; d'Athalie; du Retour au Pays; de Ruy Blas; de Paulus, d'Elias; Caractéristique de concert. 3 fr., net . . . . **2 »**

Les quatre premiers Cahiers. Édition populaire. Chaque cahier **2** fr., net **1** fr.

MENDELSSOHN

Œuvres grand format. — Édition de luxe. 4 volumes à 4 mains.

PREMIER VOLUME
48 Romances sans paroles. **4** fr., net. **2 fr. 75**

DEUXIÈME VOLUME
Toutes les Ouvertures, **4** fr, net. . . **2 fr. 75**

TROISIÈME VOLUME
Toutes les Symphonies, **4** fr., net . . . **2 fr. 75**

QUATRIÈME VOLUME
Tous les Quatuors, **4** fr., net . . . . **2 fr. 75**

SOUVENIR DE L'EXPOSITION UNIVERSELLE DE PARIS 1889

ALBUM DE DANSES ROUMAINES

Comprenant 14 danses choisies, illustré de jolies gravures, au lieu de **5** fr., net . . . **3 fr. 75**

ALBUM DE PIANO

Comprenant 17 chants et airs de douleurs, avec jolie gravure, au lieu de **5** fr., net . **3 fr. 75**

COLLECTION LITTOLFF
ŒUVRES COMPLÈTES

Beethoven. 4 volumes reliés, in-4°. 32 fr., net . . . . 28 »
—   —   cartonnés, in-4°. 25 fr., net . . . . 22 »
Chopin. 3 volumes reliés, in-4°. 36 fr., net . . . . 30 »
—   —   in-8°. 24 fr., net . . . . 20 »
—   —   cartonnés, in-8°. 20 fr., net . . . . 17 »
Mendelssohn. 2 volumes reliés, in-4°. 28 fr., net . . . . 24 »
—   —   cartonnés. 24 fr., net . . . . 20 »
Mozart. 2 volumes reliés, in-4°. 22 fr., net . . . . 19 »
—   —   cartonnés, in-4°. 18 fr., net . . . . 15 »
—   3 volumes reliés, in-4°, édition de luxe. 35 fr., net . . . 30 »
Schumann. 3 volumes reliés, in-4°. 30 fr., net . . . . 25 »
—   —   in-8°. 25 fr., net . . . . 20 »

BIBLIOTHÈQUE UNIVERSELLE DE L'INSTRUMENTISTE
Chaque volume, au lieu de 1 fr. 25, net 75 cent.

MUSIQUE POUR VIOLON

Vingt-cinq quadrilles.
Cinquante Polkas, masurkas, rédowas, etc.
Strauss : cent suites de valses.
Six ouvertures célèbres, 1er volume.
—   —   2e volume.
Le Barbier de Séville, opéra en 4 actes.
La Norma, opéra en 3 actes.
La Somnambule, opéra en 3 trois actes.
Le Don Juan, opéra en 3 actes.
La Flûte enchantée, opéra en 2 actes.
Vingt quadrilles, 2e volumes.

MUSIQUE POUR LA FLUTE

Quarante polkas célèbres, 1er volume.
Quarante polkas choisies, 2e volume.
Vingt-cinq quadrilles,
Vingt quadrilles, 2e volume.
Marcailhou : quarante valses.
Six ouvertures célèbres, 1er volume.
—   —   2e volume.
Le Barbier de Séville, opéra en 4 actes.
La Norma, opéra en 3 actes.
La Somnambule, opéra en 3 actes.
La Flûte enchantée, opéra en 2 actes.
Le Don Juan, opéra en 3 actes.

MUSIQUE POUR CORNET A PISTON

Vingt quadrilles, 2e volume.
Vingt-cinq valses.
Six ouvertures célèbres, 1er volume.
—   —   2e volume.
La Norma, opéra en 3 trois actes.
La Somnambule, opéra en 3 actes.
Le Don Juan, opéra en 3 actes.

MUSIQUE POUR CLARINETTE

Cent cinquante airs populaires.

MÉTHODES ÉLÉMENTAIRES

Beeckman . . . . Méthode de Clarinette.
Chalon . . . . —   Hautbois.
Devienne . . . . . —   Flûte à clés.
Gatayes . . . . . . —   Guitare.
Keyzer . . . . —   Accordéon.
Lagard . . . . —   Clairon.
Lagard . . . . —   Cor à pistons
Meresse . . . . . . —   Piano
Mizas . . . . —   Violon.
Roy . . . . —   Flageolet.
Vasseur . . . . . . —   Harmonium.
Zanoli . . . . —   Mandoline.
Zanoli . . . . —   Harmoniflûte

MUSIQUE POUR ORGUE OU HARMONIUM

120 Morceaux religieux pour le Service divin, choisis dans les œuvres de GOUNOD (absoutes, antiennes, marches, messes, offertoires, préludes, etc.), transcrits pour orgue ou harmonium, par Léon ROQUES. 2 vol. in-8 . . . . chaque 5 fr.
120 Morceaux religieux pour le Service divin, choisis dans les œuvres de BIZET, transcrits pour orgue ou harmonium, par Léon ROQUES. 2 vol. in-8 . . . . chaque 5 fr.
120 Morceaux religieux pour le Service divin, choisis dans les œuvres de VERDI, transcrits pour orgue ou harmonium, par Léon ROQUES. 2 vol. in-8 . . . . chaque 5 fr.
50 Morceaux religieux pour le Service divin, choisis dans les œuvres de GOUNOD, transcrits pour orgue ou harmonium, par Alex. BRUNEAU, 1 vol. in-8 . . . . 5 fr.

RELIURE INSTANTANÉE
Pour relier soi-même.

Format musique 36/26, net . . . . 2 »
—   quadrille 28/26, net . . . . 2 »
—   coquille in-4° 29/21, net 1 25
—   ministre 32/22, net 1 75

PORTE-MUSIQUE (Anses plates.)

Moleskine vernie, net 1 75
Crocodile verni ou mate, net 2 50

MÉTRONOMES

Boîte acajou, net 8 50
—   palissandre, net . . . . 10 »
—   palissandre à sonneries, net 13 50

ROULEAU POUR MUSIQUE

Moleskine mate grand modèle, net . . . . . 1 »
Crocodile verni ou mate grand modèle,
   net 2 50

OCCASION EXCEPTIONNELLE POUR LES AMATEURS DE BEAUX LIVRES

ÉDITION CHARPENTIER

Volumes format in-32, jolis petits exemplaires sur papier de Hollande.
Chaque vol. ornés de 2 eaux-fortes, au lieu de **10 fr.**, net . . . . . . **3 fr. 75**

Chénier.	1 vol.	**Prévost.** — Manon Lescaut . . .	1 vol.
Fabre. Julien Savignac	1 vol.	**Pellico.** — Mes Prisons	1 vol
Gautier. — Jeune France . . .	1 vol.	**Retz.** — Pensées	1 vol.
— Fortunio	1 vol.	**Sandeau.** — Chasse au roman.	1 vol.
Gœthe. — Werther	1 vol.	**Saint-Germain.** — Pour une	
Goncourt. — Renée Mauperin.	1 vol.	épingle	1 vol.
Horace. — Odes	1 vol.	**Theuriet.** — Raymonde	1 vol.
Mendès. — Contes choisis . .	1 vol.	**Zola.** — Thérèse Raquin . . .	1 vol.
Musset. — Lui et Elle	1 vol.		

RÉMOND

LES 3 RÉPUBLIQUES & LES 3 CARNOT

1789-1889

1 fort vol. in-8°, nombreuses illustrations.
Au lieu de **12 fr.**, net . . . . **7 fr. 50**

EAUX-FORTES

Lafontaine. Suite des Cent Estampes pour illustrer les Contes et nouvelles, par H. FRAGONARD. Magnifiques gravures sur papier du Japon, au lieu de 100 fr., net . . . . **50 fr.**

Molière. 35 eaux-fortes d'après BOUCHER, gravées par BOILVIN, MASSARD, etc. In-16, 30 fr. net . . . . **20 fr.**
— Format in-8, 40 fr., net . . . **30 fr.**

Molière. 36 gravures sur cuivre pour les Œuvres dessinées en 1768-1772, par MOREAU le Jeune . . . . **10 fr.**

Cladel. Six morceaux de Littérature (eaux-fortes) à la plume, interprétées au burin, par ROPS, MOLACH et LE-NAIN . . . . **13 fr.**

Shakspeare. 36 eaux-fortes pour ses Œuvres, dessins de PILLE, au lieu de 40 fr., net . . . . **30 fr.**

Rabelais. 17 gravures sur acier pour illustrer ses Œuvres (WILHEM), au lieu de 30 fr., net . . . . **16 fr.**

Paul et Virginie. 8 eaux-fortes, composées par LALAUZE, au lieu de 10 fr., net . . . . **7 fr.**

Richepin. Suite de 7 Dessins originaux pour illustrer la Chanson des Gueux, au lieu de 30 fr., net . . . . . . **10 fr.**

La Fontaine. Contes. 20 Estampes, dessinées par FRAGONARD et TOUZÉ, au lieu de 50 fr. . . . . **30 fr.**

ENSEIGNEMENT DE LA GYMNASTIQUE

PAR L'IMAGE

100 Bons points représentant les différents exercices, enfermés dans un carton.
Au lieu de 3 fr. 50, net . . . . **2 fr. 25**

GLOBES TERRESTRES

Remise de 25 p. 100 sur les prix annoncés ci-dessous.

NUMÉROS	CIRCONFÉRENCES	Montés sur pied bois.		Inclin. sur l'éclip-tique, pied bois.		Inclin. sur l'éclip-tique, pied fonte bronzée.		Demi-méridien cuivre, pied bois.		Cercle et méridien cuivre.	
		A Paris.	En province, franco.	A Paris.	En province, franco.	A Paris.	En province, franco.	A Paris.	En province, franco.	A Paris.	En province, franco.
Nouveaux Globes terrestres, dressés par M. LEVASSEUR et dessinés par M. JUNG.											
1	1 60	52 »	64 »	56 »	68 »	57 »	72 »	72 »	84 »	142 »	157 »
Nouvelles Sphères terrestres, dressées par MM. CH. PÉRIGOT et dessinées par M. MOUREAUX.											
0	» 40	5 »	6 25	6 50	7 75	7 50	9 »	9 »	10 50	12 50	15 »
1	» 50	6 50	8 50	7 50	9 50	8 50	11 »	10 »	12 50	18 »	22 »
2	» 80	10 »	13 50	12 »	15 50	14 »	18 »	18 »	22 »	30 »	35 »
3	1 »	15 »	20 »	16 50	21 50	18 »	23 »	24 »	29 »	40 »	47 »

ATLAS

Mager. Atlas colonial. Notices historiques par M. PAUL BERT, amiral AUBE,
LANESSAN, etc., etc., avec les cartes de
toutes nos colonies.

1 vol. grand in-4°, cartonné.

Au lieu de **16 fr.**, net. . . . **10** fr.

Mager. Atlas colonial. Edition populaire
et classique, abrégé de la grande édition. 18 cartes de nos possessions.

Au lieu de **1 fr. 75**, net. **1** fr.

**Petit Atlas départemental de la
France.** 87 cartes des départements,
4 cartes de l'Algérie et Tunisie, 6 cartes
des colonies.

1 vol. in-4°, cart. Bradel. **1 fr. 25**

Cortambert. Atlas de Géographie moderne. 66 cartes (HACHETTE).

Cart. toile, **12 fr.**, net. **9 fr. 75**

Atlas de Géographie militaire, adopté
par le ministre de la guerre pour l'Écol
de Saint-Cyr.

Superbe atlas in-folio. 42 cartes,

Au lieu de **42 fr.**, net. . . . **30** fr.

Le Gérant : VAILLANT

PARIS. — IMP. C. MARPON ET E. FLAMMARION, RUE RACINE, 26.